山西省高等教育“1331工程”提质增效建设计划
服务转型经济产业创新学科集群建设项目系列成果

国家社科基金一般项目（22BJY165）

教育部人文社会科学研究青年基金项目(18YJC790020)

基于风险承担的双支柱调控框架政策效用研究

崔　婕　◎　著

Research on the Policy Effectiveness of the Dual Pillar Regulatory Framework

BASED ON RISK TAKING

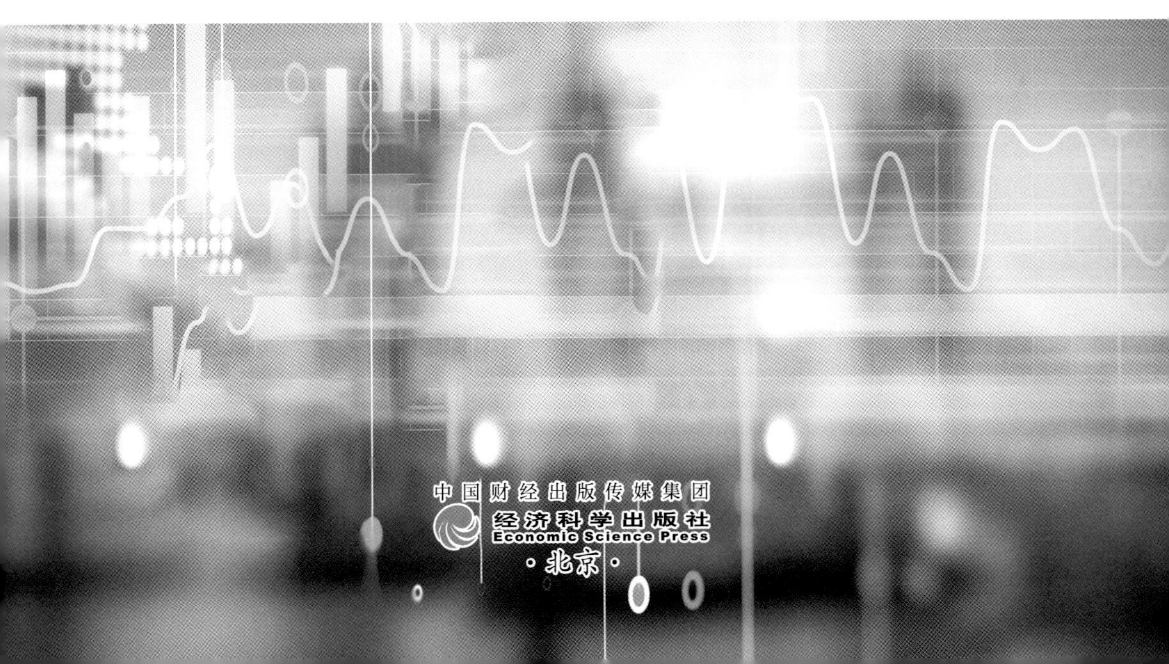

中国财经出版传媒集团
经济科学出版社
Economic Science Press
·北京·

图书在版编目（CIP）数据

基于风险承担的双支柱调控框架政策效用研究 / 崔婕著. --北京：经济科学出版社，2024. 3
ISBN 978－7－5218－5811－2

Ⅰ. ①基…　Ⅱ. ①崔…　Ⅲ. ①货币政策-宏观调控政策-研究-中国　Ⅳ. ①F822. 0

中国国家版本馆 CIP 数据核字（2024）第 075472 号

责任编辑：杜　鹏　常家凤
责任校对：蒋子明
责任印制：邱　天

基于风险承担的双支柱调控框架政策效用研究
JIYU FENGXIAN CHENGDAN DE SHUANGZHIZHU TIAOKONG KUANGJIA ZHENGCE XIAOYONG YANJIU
崔　婕　著
经济科学出版社出版、发行　新华书店经销
社址：北京市海淀区阜成路甲 28 号　邮编：100142
总编部电话：010-88191217　发行部电话：010-88191522
网址：www. esp. com. cn
电子邮箱：esp@ esp. com. cn
天猫网店：经济科学出版社旗舰店
网址：http：//jjkxcbs. tmall. com
固安华明印业有限公司印装
710×1000　16 开　11 印张　200000 字
2024 年 3 月第 1 版　2024 年 3 月第 1 次印刷
ISBN 978－7－5218－5811－2　定价：68. 00 元
（图书出现印装问题，本社负责调换。电话：010－88191545）

山西省高等教育“1331 工程”提质增效建设计划
服务转型经济产业创新学科集群建设项目系列成果
编委会

总 序

山西省作为国家资源型经济转型综合配套改革示范区，正处于经济转型和高质量发展关键时期。山西省高等教育“1331 工程”是山西省高等教育振兴计划工程。实施以来，有力地推动了山西高校“双一流”建设，为山西省经济社会发展提供了可靠的高素质人才和高水平科研支撑。本成果是山西省高等教育“1331 工程”提质增效建设计划服务转型经济产业创新学科集群建设项目系列成果。

山西财经大学转型经济学科群立足于山西省资源型经济转型发展实际，突破单一学科在学科建设、人才培养、智库平台建设等方面无法与资源型经济转型相适应的弊端，构建交叉融合的学科群体系，坚持以习近平新时代中国特色社会主义思想为指导，牢牢把握习近平总书记关于“三新一高”的重大战略部署要求，深入贯彻落实习近平总书记考察调研山西重要指示精神，努力实现“转型发展蹚新路”“高质量发展取得新突破”目标，为全方位推动高质量发展和经济转型提供重要的人力和智力支持。

转型经济学科群提质增效建设项目围绕全方位推进高质量发展主题，着重聚焦煤炭产业转型发展、现代产业合理布局和产学创研用一体化人才培育，通过智库建设、平台搭建、校企合作、团队建设、人才培养、实验室建设、数据库和实践基地建设等，提升转型经济学科群服务经济转型能力，促进山西省传统产业数字化、智能化、绿色化、高端化、平台化、服务化，促进现代产业合理布局集群发展，推进山西省产业经济转型和高质量发展，聚焦经济转型发展需求，以资源型经济转型发展中重大经济和社会问题为出发点开展基础理论和应用对策研究，力图破解经济转型发展中的重大难题。

山西省高等教育“1331 工程”提质增效建设计划服务转型经济产业创新学科集群建设项目系列成果深入研究了资源收益配置、生产要素流动、污染防控的成本效益、金融市场发展、乡村振兴、宏观政策调控等经济转型中面临的重大经济和社会问题。我们希望通过此系列成果的出版，为山西省经济转型的顺利实施作出积极贡献，奋力谱写全面建设社会主义现代化国家山西篇章！

编委会

2023 年 6 月

前　言

全球金融危机后，宏观审慎政策调控框架引起广泛关注，货币政策和宏观审慎政策双政策效应及其协调配合也成为研究热点。货币政策可以通过影响银行的风险识别和风险容忍度改变银行的风险承担水平，最终作用于金融稳定和总产出；而宏观审慎政策旨在减缓由金融顺周期行为和风险传染对宏观经济和金融稳定造成的冲击，有助于防范系统性风险。货币政策和宏观审慎政策协调配合可以提高金融调控的有效性，防范系统性金融风险，对维护物价稳定、经济稳定和金融稳定起着重要作用。党的十九大报告明确提出，健全“货币政策＋宏观审慎政策”双支柱调控框架，坚决打好“防范化解重大风险”攻坚战。在传统货币政策的基础上，双支柱调控框架已经成为我国金融调控政策的重要组成部分，也是金融体制改革的重要目标定位。双支柱调控框架要求不同金融部门之间的金融监管要进一步协调和统一。2017 年，设立国务院金融稳定发展委员会，旨在强化央行宏观审慎管理和系统性风险防范职责，落实金融监管部门监管职责，并强化监管问责。党的二十大报告提出，强化金融稳定保障体系，依法将各类金融活动全部纳入监管，守住不发生系统性风险底线。2023 年 3 月，中共中央、国务院印发了《党和国家机构改革方案》组建中央金融委员会，不再保留国务院金融稳定发展委员会及其办事机构。我国开启新一轮金融监管体制改革，由“一行两会”变成“一行一局一会”。在此背景下，研究货币政策与宏观审慎政策双支柱调控框架的政策效用及两者间的协调搭配意义重大。

银行在我国金融体系中一直占据着主要地位，银行风险承担水平也关系着国民经济的稳定运行和金融行业的健康发展。同时，在货币政策和宏观审慎政策的实施和传导过程中，银行一直都是重要的参与主体。本书以银行风险承担为研究视角，重点研究双支柱调控框架下，货币政策风险承担渠道、宏观审慎政策对银行风险承担的影响及其与货币政策的协调搭配后对银行风险承担传导等问题。

全球金融危机后，我国金融经济体系发生了重大变化，其中由银行表外业务、委托贷款、信托贷款、银行承兑汇票、民间借贷等构成的影子银行业务迅速发展，规模迅速扩大。牵涉其中的市场主体范围广泛，导致金融市场交易结构日趋复杂，金融市场不稳定因素增多，这也为宏观监管体系带来了新的挑战。2015 年之后，我国央行采取了较为宽松的货币政策，影子银行规模增长速度随之减慢甚至出现了负增长。从这一角度来看，货币政策会对影子银行业务发展产生影响。宏观审慎政策工具能够抑制商业银行信贷和资产的膨胀，使得其缺乏足够的资金从事影子银行业务。当前，去影子银行化的清理过程依然还在路上。因此，本书也将影子银行——我国当前经济发展中这一特殊主体纳入到研究框架中，检验围绕双支柱各项政策实施对影子银行风险承担的影响效应。研究双支柱调控框架的实施是否能够抑制影子银行规模的扩大，进而降低影子银行业务引致的商业银行风险承担，对于完善双支柱调控框架以及维护金融体系的稳定运行具有十分重要的意义。

双支柱框架政策实施效率高低与否还依赖于一国政策实施主体央行的政策权衡以及独立性程度。央行独立性程度将会影响到政策实施效果。在我国，央行主导货币政策和宏观审慎政策双支柱政策框架的搭建和实施。由此，央行作为政策执行部门，不仅面临着价格稳定与金融稳定之间的左右权衡，也必须在政策执行过程中保持独立。那么，央行能否在双支柱框架下达到最优的政策实施效用？我国央行在双支柱调控下其独立性如何？他们与金融稳定的关系是什么？诸如此类问题也是本书的研究范畴。

本书研究将围绕以下逻辑主线展开：从危机后货币政策影响宏观经济的新型传导渠道——风险承担渠道展开，对货币政策的风险承担传导机制、宏观审慎政策的影响效用以及双支柱调控框架对银行风险承担的影响效果分别进行理论剖析和实证检验，之后从影子银行视角出发考察双支柱调控框架的政策效用，最后实证检验宏观审慎政策介入下我国央行独立性以及对金融稳定性的影响程度。

全书共分为十章。第一章为引言，对本书的研究背景与意义、相关文献观点、研究内容与方法以及主要工作与创新进行了概述。第二章至第四章为理论研究部分，其一，对货币政策风险承担渠道的作用机制进行梳理，将其归结于收益和杠杆两种机制，并在此基础上构建混合机制指标；其二，介绍了三种宏观审慎政策工具对银行风险承担的影响机制，重点剖析贷款损失准备作为风险承担代理变量时宏观审慎政策对银行风险承担的影响；其三，介绍了双支柱调控政策的发展及其对银行风险承担的影响机制，并分析了不同经济周期下双支柱政策的调控机制和逐利效应作用机制；其四，分析了双支柱调控通过影子银行这一路径对银行风险承担水平产生的影响。第五章至第九章在理论研究的基础上进行实证分析，其一，实证检验了货币政策对我国商业银行风险承担的影响效应；其二，实证分析了宏观审慎政策与银行风险承担之间的关系；其三，实证研究了双支柱调控框架对银行风险承担的影响效应；其四，从影子银行视角展开差异化研究，实证探讨双支柱调控框架对影子银行业务的影响程度；其五，构建我国央行独立性指数和金融稳定性指数，从宏观层面检验央行独立性对金融稳定性的影响效应。第十章为结论、建议与展望，全面总结本书的主要研究结论，提出相应的具有针对性的政策意见并对未来进一步开展的相关研究进行展望。

本书的创新之处体现在以下几个方面：一是在理论研究的基础上，突破了现有关于货币政策风险承担渠道研究的思路，将货币政策风险承担渠道的作用机制归纳为收益与杠杆两种机制，并构建了混合机制指标进行实证检验；二是丰富了贷款损失准备计提方法和动态贷款损失准备的相关理论，将贷款损失准备作为银行风险承担的代理变量研究宏观审慎政策对其的影响效用；三是从影子银行视角对双支柱调控框架的政策效用进行分析，研究了政策协调配合对影子银行规模扩张的影响，在研究广度上有一定扩展；四是构建了央行独立性和金融稳定性指标，并引入宏观审慎因素，利用中介效应模型研究了央行独立性对金融稳定性的影响，并对各类传导渠道进行剖析。

崔婕

2024 年 3 月

目　录

第一章　引　言

第一节　研究背景与意义

一、研究背景

货币政策可以通过影响银行的风险识别和风险容忍度改变银行的风险承担水平，最终作用于金融稳定和产出，这就是货币政策的风险承担渠道。全球金融危机后，金融政策制定机构开始意识到单独的货币政策不足以稳定金融体系，甚至货币政策会对银行风险承担起到负面作用，过度宽松的货币政策会使得银行提高风险容忍度，在经济上升时期积累风险，加剧银行体系的顺周期性。为了防止金融危机再次发生，缓解宽松货币政策对系统性金融风险和金融稳定的负面作用，国际组织和世界各国提出构建宏观审慎政策管理框架。

2015 年，我国提出构建宏观审慎评估体系（macro prudential assessment，MPA），2016 年，提出构建“货币政策 + 宏观审慎政策”双支柱的金融调控框架。自此，在改革传统货币政策的基础上，健全“货币政策 + 宏观审慎政策”双支柱调控框架已经成为我国金融调控政策的重要组成部分，也是金融体制改革的重要目标定位。双支柱调控框架要求不同金融部门之间的金融监管要进一步协调和统一。2017 年，我国设立国务院金融稳定发展委员会，旨在强化央行宏观审慎管理和系统性风险防范职责，落实金融监管部门监管职责，并强化监管问责。2023 年 3 月，我国进行金融机构改革，形成中国人民银行、国家金融监管总局、中国证券监督管理委员会“一行一局一会”的格局，从不同角度强化中央对金融的监管，以更好地防范化解各类金融风险。银行业作为我国金融体系的重要组成部分，也是防范化解金融风险的重点对象。因此，在双支柱调控框架下研究其对风险承担的影响以及相关作用机制，对于防范化解金融风险，维护金融稳定具有十分重要的意义。

与此同时，我国央行将主导“货币政策和宏观审慎政策”双支柱政策框架的搭建和实施。作为政策执行部门，央行对调控经济的方式和目标不同于政府财政部门，它不仅需要在价格稳定与金融稳定之间左右权衡，也必须在政策执行过程中保持独立。因此，央行能否摆脱政府意志独立地作出政策安排，成为影响政策实施效果的关键，研究央行独立性程度是否可能对宏观审慎职能的发挥产生扰动，从而可能会对金融稳定政策的制定与实施产生影响也具有极为重要的理论和实践意义。

二、研究意义

（一）理论意义

国内文献大多是单独研究货币政策的风险承担渠道，较少考虑加入宏观审慎政策后是否会对这一渠道产生影响，以及双支柱调控框架下对银行风险承担的影响。除此之外是对于央行独立性（CBI）的分析，现有文献多数都集中于央行独立性对通货膨胀以及价格稳定的影响，鲜有文献从宏观审慎政策介入、从金融稳定性的角度分析该问题，但是“央行能否在双支柱调控框架下达到最优的政策实施效用?”“我国央行在双支柱调控下的独立性如何?”这些问题都亟须破解。本书将从危机后货币政策影响宏观经济的新的传导渠道——风险承担渠道展开，系统解决双支柱调控框架下的银行风险承担以及央行独立性与金融稳定性问题。因此，本书在理论上对宏观审慎政策介入后货币政策的风险承担渠道影响，以及基于双支柱宏观调控下央行独立性与金融稳定性系统架构进行了有益补充。

（二）现实意义

目前，我国正走在实现中华民族伟大复兴的康庄大道上，只有稳住金融、稳住经济，才能更快地实现这一目标。而稳定金融、稳住经济，守住不发生系统性金融风险的底线是一场攻坚战，也是一场持久战。在这一场战役中唯有将双支柱政策框架运用好，将宏观审慎政策与货币政策结合在一起，才能发挥更大的效用，达到最优的政策实施效果。我国央行是经济政策的制定者和执行者，承担了双重目标责任，需要对货币政策目标和金融稳定目标进行权衡，而央行的独立性程度，会扰动双支柱政策职能的发挥，进而对经济稳定和金融稳定产生影响。因此，在将货币政策介入宏观审慎政策后，央行的政策实施效用以及独立性问题的深入探析可以为维护金融稳定提供相应的理论和政策建议。

第二节 国内外文献综述

一、货币政策风险承担渠道研究

关于货币政策风险承担渠道的研究，主要可以分为两类：一类是从理论角度探究货币政策风险承担渠道的作用机理；另一类是从实证角度检验货币政策的风险承担渠道。

国内外关于货币政策银行风险承担渠道作用机理的文献有很多。鲍里奥和朱（Borio and Zhu，2008）提出了“经济提速器”原理，该原理认为，宽松货币环境下银行存贷款利率会降低，在这种情况下银行存贷款利差会改变、居民抵押在银行资产的价值也会发生变化，进而会影响银行的收益。这种效应又被称为微观主体的收入、价值和现金流机制。除此之外，收益获得机制也是银行风险受货币政策影响的作用机制之一，拉詹（Rajan，2006）最早提出此机制，随后鲍里奥和朱（2012）进行了收益获得的定义——固定的目标收益率与市场利率降低之间的相互关系，导致银行风险承受力上升，风险承受水平不断提高。因为银行负债多为长期合同负债且利率固定，所以银行的目标收益率往往是黏性的。戴尔和马尔克斯（Dell and Marquez，2006）认为，央行释放流动性使得金融市场利率下降，银行在低利率环境下的收益将会下降，银行为了赢得信誉需要保证承诺客户的收益率，所以会开展更多的高风险业务，进而加剧了自身风险，从而提高银行的风险承受能力。项后军等（2016）认为，银行风险受到货币政策影响的原因不局限于以上机制，提出了委托—代理问题作用机制，并对不同的影响机理进行了辨别。刘晓欣和王飞（2013）认为，从银行角度分析，宽松货币政策下释放流动性会使银行收益降低，为了保持和原来相同的收益率，银行会主动增加风险资产，这种机制类似于收益获得机制。冯文芳和刘晓星（2017）则从银行杠杆率的角度分析了银行增加风险承担的途径，详细阐述了杠杆渠道的作用机理。郭田勇等（2018）通过构建 DSGE 模型分析了货币政策对银行风险承担的传导机制，发现在信息不对称和有限债务的情况下，银行因道德风险会过度承担风险。李裕坤（2019）将法定存款准备金率引入 D-L-M 模型，从数理角度推导出货币政策对银行风险承担的负向影响，并从信贷评估效应、预期效应、竞争效应、资金成本黏性效应以及保险效应五个方面分析了货币政策对商业银行风险承担的作用机理。蒋海等（2019）在 D-L-M 模型中引入杠杆率，通过理论模型分析得出，宽松型货币政策通过杠杆机制提高了银行风险承担，并且在不同杠杆率水平下货币政策对银行风险承担的影响存在差异。李双建和田国强（2020）构建了一个包含银行竞争强度和货币政策环境的四阶段动态博弈模型，发现我国存在货币政策的风险承担渠道，并且银行竞争能够加剧货币政策对银行风险承担的作用。蒋海等（2021）将银行流动性变量引入 D-L-M 模型中，得出货币政策对银行风险承担的影响取决于风险转嫁效应和流动性传导效应的共同作用，而流动性水平会影响两者的净效应。张旭等（2022）将货币政策、杠杆率和银行风险承担纳入同一框架下，通过理论模型得出货币政策通过“利润效应”和“杠杆效应”影响风险承担，且这两种渠道之间存在抵消作用。

实证分析研究货币政策的风险承担渠道主要集中于不同货币政策工具、货币政策中介指标对于银行风险代理变量的影响。玛格丽塔·卢比奥（Margarita Rubio，2006）指出，市场利率的走低会引起银行盈利能力变差，增加银行风险累积。德利斯和库雷塔斯（Delis and Kouretas，2011）通过使用欧洲国家银行的数据进行实证分析，使用银行的风险资产比率以及 Z 值作为风险的代理变量，实证得出了较高市场利率下银行风险会降低的结论。希门尼斯等（Jimenez et al.，2014）通过使用美国银行年度数据分析，使用动态面板回归方法，从短期和长期来研究宽松货币政策下银行风险的变化。短期内，宽松政策引起货币流动性增加，银行风险有所降低；长期看，银行会扩大高风险资产持有量，进而使得银行整体风险增加。瓦伦西亚（Valencia，2014）在动态模型下分析了不同条件下政策利率对银行风险承担的影响，提出资本金要求和贷款价值比上限等宏观审慎政策工具有利于降低银行过度风险承担的激励。我国的研究人员在进行实证分析时采取不同的风险代理变量，运用不同的实证方法，对于不同类型的银行风险进行了分析，最终结论大多与上述一致：宽松货币政策下银行业风险有所上升。张强等（2013）使用我国商业银行 2002～2012 年的数据，使用 Z 值、不良贷款率、信贷增长率作为被解释变量，通过面板回归发现银行的信贷增长率与货币政策存在显著的正相关性，随着信贷增长率升高银行风险也会相应升高。江曙霞和陈玉婵（2012）实证研究了我国商业银行风险承担并引入了银行特征变量，指出银行规模与风险承担之间的关系。方意等（2012）发现，资本充足率在货币政策对银行风险承担的影响中起着重要作用，随着资本充足率的降低，货币政策对银行风险承担的影响逐渐由负转正。刘生福（2014）发现，系统性重要银行在风险承担方面存在正向截距效应和负向斜率效应，在宽松货币政策下，从事表外业务较多的银行表现得更为激进，而资本充足率和规模较大的银行会表现得更为稳健。项后军等（2016）针对货币政策银行风险承担的委托—代理问题这一作用机制进行了研究，并对风险承担的各种作用机理进行了精确的划分。曾智和姚舜达（2017）使用我国商业银行 1998～2014 年的数据进行实证分析，解释变量除了货币政策代理变量外还加入了净稳定资金比率和流动性覆盖率作为流动性变量，指出银行流动性指标对银行风险承担渠道有较强的影响，流动性与风险承担传导效率呈正相关。考佳欣（2017）发现，宽松型货币政策会增大银行风险承担，进而使银行信贷投放规模增加。代军勋和戴锋（2018）使用我国 50 家商业银行年度数据进行 GMM 动态面板分析，在解释变量中引入了银行流动性指标净稳定资金比率（NSFR）以及资本充足率（CAR），并将其交互项作为一个解释变量，其结论认为，在资本和流动性监管要求下，银行风险承担还是会随着宽松货币环境而增大，不过这种监管将减少银行风险的增量。张迎春等（2019）发现，宽松型货币政策通过强化管理者的心理偏差从而影响银行风险承担。顾海峰和杨月（2020）发现，宽松型货币政策会降低银行风险承担，低利率货币政策会促进银行风险承担；银行业竞争度和银行业景气度能够调节货币政策对银行风险承担的作用；数量型货币政策通过加大银行流动性创造从而降低了银行风险承担。杜小娟等（2021）发现，实施非常规货币政策能够促进银行风险承担，其中存在银行融资渠道这一传导机制，且国有银行对非常规货币政策的实施更加敏感。马勇和王莹曼（2022）发现，货币政策利率降低和波动性增加都会导致银行风险承担水平上升，并且货币政策在宽松货币环境、信贷扩张期和经济下行期对银行风险承担的影响更为强烈。此外，在宽松货币政策条件下采取扩张性财政政策，会显著扩大银行的风险承担水平。余丽霞等（2022）构建非对称 NARDL 模型和门限回归模型对货币政策的银行风险承担渠道进行实证检验，发现数量型货币政策工具在短期对银行风险承担的作用较显著，而价格型货币政策工具在长期的作用更明显，两者同时调控会进一步放大银行风险承担水平。孟维福等（2023）将银行竞争因素引入 D-L-M 模型分析货币政策、银行竞争和风险承担之间的关系，之后通过实证检验得出宽松型货币政策能够通过加剧银行竞争而增大银行风险承担，但资本约束和金融创新能够减弱货币政策对银行竞争的作用。项后军等（2023）认为，流动性囤积能够抑制货币政策对银行风险偏好的促进作用，这种作用在区域性银行和资本充足率水平较低的银行中更为明显。

二、宏观审慎政策对银行风险承担的影响研究

沈沛龙和王晓婷（2015）分别从理论和实证方面研究了逆周期政策工具对银行风险承担的影响，发现信贷扩张期杠杆率和贷款损失准备金率会增加银行当期风险承担，而资本充足率会降低银行风险承担。张铭等（2019）认为，宏观审慎政策能够显著降低银行风险承担并存在逆周期特

征，因此，在经济发展良好时采用紧缩宏观审慎政策，而在经济下行时采取宽松宏观审慎政策，有利于平滑信贷周期。宋科等（2019）也发现，宏观审慎政策对银行风险承担的影响会因为经济周期而存在非对称性，并且银行盈利能力是宏观审慎作用于风险承担的渠道之一。郭晔和马玥（2022）发现，宏观审慎评估体系能够通过成本渠道降低城商行因发展普惠金融而提高的风险承担水平。高嘉璘和王雪标（2022）将宏观审慎评估体系的设立作为准自然实验，采用双重差分模型研究其对银行风险承担的影响，结果发现，宏观审慎评估体系对银行风险承担的作用呈倒“U”型结构，并且能够通过同业负债、净息差和贷款增速三个渠道降低银行风险承担。张春海和赵傑贝（2022）从银行杠杆率和货币政策的角度分析了宏观审慎政策对银行风险承担的作用机理，发现宏观审慎政策对杠杆率水平较高的银行所产生的作用更强，并且与紧缩性货币政策协调配合能够明显降低银行风险承担水平。

三、宏观审慎政策与货币政策的协调效应研究

因为宏观审慎政策与货币政策存在很多的共性问题，又是在同一个主体下行使，所以如何解决两种政策间的冲突矛盾以及如何实现双政策目标的协调共赢，就成为学术界热切关注的问题。目前主要有以下两种观点。第一种观点的典型做法是将某个或某些宏观审慎变量纳入强化泰勒货币政策规则中。具有代表性的是伍德福德（Woodford，2012）的研究，在货币政策规则中纳入金融稳定因素，监测信贷市场的流动性状况并据此判断金融稳定的情况，最后求解含有金融稳定因素的福利损失函数，以判断是否为货币政策规则的最优解。第二种观点是成立专门的、以金融稳定为唯一目标的宏观审慎监管机构，实质上就是把宏观审慎政策从央行货币政策中独立出来，这种观点普遍认为担负“双目标”责任的央行会因过于维护金融稳定而忽视了物价稳定的职责，或者是基于“动态不一致”理论，会倾向于选择较高的通胀水平以降低私人部门的实际债务，这无疑威胁到金融稳定目标的实现。本书发现，无论是哪种观点，都会将信贷（或杠杆）作为货币政策与宏观审慎政策之间的影响渠道。

货币政策与宏观审慎政策可能存在冲突。这种观点认为，宏观审慎职能的发挥应与货币政策职能相独立，实质上是支持双政策各自独立，避免宏观审慎政策受货币政策影响，因为两种政策目标的不一致性，在实际操作过程中可能会产生冲突。有研究认为，如果央行事先制定一个最优通胀目标，但在事后却有可能选择一个较高通胀目标，以此来降低私人部门的债务水平（Jeda and Valencia，2014），从而造成两者冲突。研究发现，在受到金融冲击后，肩负双重任务的央行可能会为了减轻私人部门的实际债务而选择一些政策手段给予补救，如提高通胀水平，这个过程无疑会造成金融稳定性的波动；社会经济通胀在央行分离价格和金融稳定目标时是最优的。陈平（2014）、赵胜民和梁璐璐（2014）都是设立了独立（货币政策和宏观审慎政策各自独立，没有互通）和非独立两种体制（货币政策和宏观审慎政策紧密联系）进行比较，在以总产出和通胀作为目标变量时，独立体制可使经济体的稳定性更优。王琳和许丹（2021）运用 TVP-VAR 模型研究双支柱调控框架对金融稳定的影响，发现当物价和资产价格涨跌不一致时，两政策对金融市场的调控可能会因政策目标而相互“冲突”，物价和资产价格同时上涨或下跌时，两政策具有协同效应。马勇和黄辉煌（2021）发现，发达经济体国家的双支柱政策在调控信贷扩张方面存在显著的政策合力，而新兴经济体国家的双支柱政策间存在一定政策抵消，在上行周期双支柱政策能够形成合力抑制信贷增长，但在下行周期存在不显著的政策效应抵消。

货币政策与宏观审慎政策可以相互促进。克林格尔霍费尔和孙（Klingelhöfer and Sun，2019）认为，无论是货币政策还是宏观审慎政策，在抑制过度信贷扩张方面都是有效的，因此，我国央行可以利用宏观审慎政策作为货币政策的补充，以抵消货币宽松造成的金融脆弱性的累积。凯姆和梅赫罗特拉（Kim and Mehrotra，2018）认为，宏观审慎政策和货币政策之间存在着某些互通的地方，即都可以通过影响信贷来影响消费和投资，两种政策可以相互帮助，降低实际国内生产总值（GDP）、物价水平和信贷存量水平，实现物价稳定和金融稳定的目标。泰勒和齐尔伯曼（Tayler and Zilberman，2016）基于包含宏观审慎工具的 DSGE 模型进行研究，发现在信贷冲击下，相比于货币政策，逆周期监管在维护价格稳定、金融稳定和宏观稳定等方面更为有效；然而，在供给冲击下，宏观审慎监管与抗通胀政策的组合是最优的选择。阿古尔和德梅尔齐斯（Agur and Demertzis，2019）研究发现，受制于维护金融稳定和维持信贷规模之间的权衡，监管机构所采取的宏观审慎监管无法完全抵消货币政策的银行风险承担渠道的影响，从而认为，即使宏观审慎监管能够起到抑制金融风险的作用，货币政策也依旧会影响金融稳定。李天宇等（2016）将信贷流动性纳入一个扩展性货币政策框架中，研究结果显示，在经济高速发展时期，宏观审慎政策和货币政策都能对高度积累的信贷风险或者高杠杆风险起到缓解抑制作用，从而有利于降低系统性风险发生的可能性，促进金融体系的稳定；杨帆（2018）则是在一个 DSGE 框架中纳入宏观审慎政策因素（LTV 工具和庇谷税），最后的研究结果与李天宇等（2016）类似，即在同时兼顾协调货币政策目标和金融稳定目标的情况下，其最终政策效果要比仅实施货币政策的情况更及时有效。陈伟平和张娜（2019）通过理论和实证分析发现，货币政策和逆周期资本监管互为补充，有利于降低商业银行风险承担。罗煜等（2020）将宏观审慎框架下的流动性管理纳入传统理论模型，研究其对货币政策信贷渠道的影响及传导路径，发现银行流动性管理中优化信贷资产结构的行为能够显著提高货币政策传导效率，但对于净稳定资金比例较低的股份制银行和城市商业银行来说，这种行为可能会降低货币政策传导效率。王维安和陈梦涛（2020）使用 DSGE 模型的数值模拟和实证方法，均得出货币政策和宏观审慎政策协调搭配可有效减弱经济和金融波动。金春雨和王薇（2021）通过构建多元方向分位数向量自回归模型（MDQVAR）检验了不同强度的宏观审慎政策工具对我国货币政策有效性的影响，发现应根据不同的经济发展时期选择宏观审慎政策和货币政策的组合以实现不同政策目标。赵胜民和张博超（2022）采用动态 DCC-GARCH 模拟方法计算 SRISK 来衡量银行系统性风险，进行实证研究发现，紧缩的货币政策与紧缩型宏观审慎政策能够抑制银行系统性风险。王宇晴等（2022）通过构建 TVP-VAR 模型和局部投影法检验了货币政策和宏观审慎政策的调控效果以及两者之间的协调效应，发现宏观审慎政策能够明显抵消宽松型货币政策对资产价格和杠杆率的促进作用，但在抵消对经济变量的传导效率上影响较小。姜勇和杨源源（2023）构建了马尔科夫区制转移模型，发现双支柱调控政策在金融上升周期具有协同作用，但在金融下行周期具有相反的效应。

四、双支柱调控对银行风险承担的影响研究

国外学者们研究了宏观审慎政策和货币政策的有效性。保罗等（Paolo et al.，2012）进行了货币政策和宏观审慎政策的行为理论研究，发现各政策之间需要协调以促进经济的发展。苏（Suh，2012）构建 BGG-NKDSGE 模型以研究宏观审慎政策和货币政策的有效性，发现货币政策可以实现价格稳定，宏观审慎政策可以促进金融稳定。国内大多数文献都认为双支柱调控框架在一定程度上可以有效降低银行的风险承担水平。陈国进等（2020）拓展了货币政策的风险承担渠道理论，采用 CoVaR 和 CCA 方法，发现紧缩的货币政策和紧缩的宏观审慎政策组合对于降低银行风险承担水平是最优的，但他们也认为当经济处于危机时期，双支柱政策可能存在无效。马勇和姚驰（2021）在信息不对称和有限责任制的假定下，构建宏观审慎政策与货币政策的理论模型，发现严格的宏观审慎政策能够有效抑制货币政策放松带来的银行资本水平的提升。祁敬宇和刘莹（2021）发现，双支柱政策能够通过提高银行资产回报率和降低盈利波动性来降低银行风险承担，其效果在不同经济周期下具有异质性。王道平等（2022）认为，当宏观审慎政策和货币政策同时紧缩时，对银行系统性风险的抑制效应最强，两种政策存在相互加强效应，并且通过中介机制发现通过抑制影子银行的扩张双支柱可以降低银行的风险承担水平。佟孟华等（2022）构建固定效应模型进行实证分析，得出双支柱调控可以有效促进金融稳定，且通过降低影子银行的规模，使商业银行风险承担水平下降。张铭等（2022）从对中国宏观经济环境情景模拟出发，采用 GMM 方法得出要加强双支柱政策与银行风险承担之间的协调作用，加强银行的风险监管。任仙玲和王萌丹（2023）采用分位数回归模型研究了双支柱政策对不同风险水平银行的差异性影响，宏观审慎政策可以显著降低中高风险水平银行中的风险承担水平，而对低风险水平银行的作用不明显，双支柱政策对银行风险承担的作用在高风险银行和地方性商业银行中更为明显。

五、央行独立性对宏观审慎政策的影响渠道研究

虽然目前鲜有研究对央行独立性对宏观审慎政策的影响渠道展开分析，但也有必要对关于央行独立性的研究进行梳理。多数研究的重点是探究货币政策与宏观审慎政策的冲突或协调关系，以及讨论央行是否应该承担物价稳定和金融稳定的双重职责，实际上这些文献在研究过程中仍需要将央行独立性作为一个重要因素加以考虑，因为央行独立性与货币政策、宏观审慎政策是息息相关的，所以自然也会讨论金融稳定目标的实现问题。鉴于此，本节通过文献梳理，主要解决两个问题：一是尝试剖析央行独立性对宏观审慎政策的影响渠道是什么；二是探究央行负责宏观审慎的必要性，一些研究成果可以为此提供理论支持。

（一）央行独立性对宏观审慎政策的影响渠道

政治影响渠道。一种观点认为，央行应该保持独立性，这种观点的出发点是要求央行在政治上保持独立性，避免受政治因素影响，从而遏制通胀上升。阿古斯汀·卡斯滕斯（Agustín Carstens，2019）支持监管和监督的独立性，监管当局如果不能充分独立于政府，就必然会更重视宽松监管的短期效益，如信贷可获得性而不是系统性危机风险上升的长期成本。杜米特尔等（Dumiter et al.，2015）以发达国家和新兴国家为例展开对比分析，使用二阶段最小二乘法构建了一个多元线性回归模型，使用利率、政府负债、央行独立性指数等6个指标来解释通胀率，分析结果显示，央行独立性会因政治稳定程度而与通胀率存在一定相关性，这一点无论是在发达国家还是在发展中国家都是别无二致的。贺卉（2019）认为，一个受制于政府的央行，在制定和实施货币政策时容易带有提高通胀的倾向，如此看来，如果央行不具备独立性或独立性较弱，那么央行将不能很好地控制通胀，这势必会使金融稳定受更多波动性的影响。任碧云等（2011）同样认为，央行独立性、政府和通货膨胀三者之间存在密切的关系。央行与政府的交互作用过程会影响通货膨胀，即央行独立性与固定资产投资、收入不平等的政府因素存在交互作用，最终影响通胀水平。其中，固定资产投资和收

入不平等因素均会扩大政府的财政支出，社会的货币供给量将增大，而具有较强独立性的央行，会及时调整货币供给有关政策，不必受政府目标约束，遏制政府的盲目扩张行为。陈平（2014）认为，一个在政治上不具有独立性的央行，在政府目标是实现一个更高的产出水平时，其社会福利损失函数并不是最优的，因为政治压力会迫使央行通过通胀刺激来提高产出。

货币政策影响渠道。一个担负双重责任的央行，其货币政策和宏观审慎政策的目标和工具存在着很多相互交叉和影响关系，因此，货币政策也与宏观审慎政策的金融稳定目标存在密切联系。因为货币政策具有多个功能，所以对实体经济和金融体系均会或多或少产生影响，而这种影响过程是动态且复杂的，所以货币政策在实现物价稳定时，并不一定可以保证宏观审慎的政策效果是否会受其影响，即不能保证金融体系的稳定性。米什金（Mishkin，1996）通过对各国央行和货币政策的整理分析，形成了货币政策传导渠道的经典研究理论，认为该渠道主要包括利率渠道、资产价格渠道（如汇率、股权价格等）和银行信贷渠道，并给出了这些渠道的传导机理，这为之后的货币政策传导渠道研究奠定了基础。尽管这种影响渠道是针对实体经济而言的，但无论是利率、资产价格还是银行信贷，都与金融系统息息相关，因此可以认为，这些传导渠道也具备适用于金融系统的可能性。有大量文献研究表明，货币政策的效果通过多种渠道来传导至金融体系的可能性是确实存在的（Yellen，2019；Charles Bean et al.，2018）。第一，在宽松的货币政策环境下，如果央行在一段时期内多次向下调整利率水平，因为利率可作为资产的成本价格参考，所以该时期的资产价格水平将会升高，这种升高在理论上并不会引起泡沫的高度积累。但实际上，如果央行对此缺少审慎监管，资产价格升高可能会引起市场情绪的过度反应，形成持续的泡沫风险，尤其这种风险是由大量负债形成时，系统性风险发生的可能性将会提高（Loisely et al.，2009）。第二，货币政策与金融体系中因借贷形成的杠杆存在一定联系（Adrian and Shin，2009），因为在一个货币政策宽松的环境下，金融系统的杠杆累积和过度风险承担就有了滋生的温床。正如鲍里奥和朱（2008）的研究结论，货币政策的利率传导渠道中存在着风险高度积累的可能性，在宽松的货币政策环境下，下调的利率会诱使追求高收益的商业银行采取更冒险的行为策略，风险的积累就会增加。

其他可能的影响渠道。除了政治和货币政策的影响，央行独立性作用于宏观审慎的影响渠道可能还包括立法、金融机构等层面。刘广伟（2011）认为，在金融业分业监管的中国，宏观审慎职能的发挥会受到诸多影响，因此，需要在法律上保障央行的权利，确保其他部门会配合央行政策管理和实施，这样才能更好地实现金融稳定目标。骆婉琦（2019）认为，央行的金融稳定目标容易受到地方政府和金融机构的间接影响，如为国企改革提供资金支持、为助力小微企业和“三农”发展降低融资成本和拓宽授信规模等，这些影响会限制央行制定的目标和计划，对央行的目标独立性形成约束。

（二）央行负责宏观审慎的必要性

从近年来各国央行的监管制度和机构调整情况看，多数央行承担着维护金融稳定及相关责任。国际清算银行（BIS）金融稳定研究所（Financial Stability Institute，FSI）发布的统计结果显示，约有 2/3 的央行（在 82 个样本中）将宏观或微观审慎纳入自身的职能框架下，在自身管辖范围内行使相应监管职权。由央行担任审慎监管责任的理由主要有以下两个方面。一方面，相比其他监管机构，央行更有激励去主导宏观审慎政策。央行在金融体系中处于核心地位，承担着维护金融稳定的职能，而宏观审慎政策旨在防范系统性风险，维护金融稳定，因此央行具有主导宏观审慎政策的内在需求和强烈意愿（宋科和邵梦竹，2020）。另一方面，央行负责宏观审慎政策具有明显的优势。首先，“双责任”下宏观经济稳定和金融稳定具有同时实现的可能性，央行具有最有利的操作基础，因为大量的货币政策工具是与金融稳定关联的，如利率、资本要求和最高贷款与价值比率等，不但影响着实体经济发展环境，也影响着众多金融部门的发展。邵梦竹（2019）支持央行担负起宏观审慎监管和维护金融稳定的职责，因为没有其他机构比央行更有优势。其次，在宏观调控方面，央行具有丰富的信息资源和政策工具，同时具备专业的分析能力和协调各部门的能力。再次，在独立性方面，央行独立性的保持能使宏观审慎政策少受政府部门的干扰，其政策效果应当更优。但也需要注意：政策的独立性和权责明晰是解决多重目标和责任冲突的根本所在，央行需要明确不同时期下每种政策的目标和决策，进行政策目标选择的权衡或协调。宋科和邵梦竹（2020）研究了央行对宏观审慎政策整体以及不同类型政策的实施效果，结果发现，作为宏观审慎政策实施主体的中央银行，能够提高宏观审慎政策在抑制信贷规模、降低金融机构杠杆和跨境资本流动方面的有效性，且对不同类型的宏观审慎政策效果存在差异。

六、央行独立性对金融稳定的影响研究

在关于央行独立性与金融稳定是否存在正相关关系的研究上，国内外研究持有两种不同的观点。

一种观点认为，央行独立性能够促进金融稳定，呈正相关关系。从政治因素看，克洛普和德哈恩（Klomp and DeHaan，2009）用动态面板模型来估计央行独立性和一个金融不稳定性度量指标之间的关系，研究结果表明，两者呈显著的负相关关系，反之则暗示了央行独立性与金融稳定可能存在正相关关系，并且政治独立性是造成金融不稳定的主要因素，而不是经济独立性。他们认为，政治压力会让央行对于提前应对金融危机的能力不足，可能会使应对措施滞后，因此，央行的独立性越强，维护金融稳定的能力越强。西哈克（Cihak，2010）同样认为，减少政治压力意味着央行货币政策能更好地先发制人阻止金融危机。陈丹（2018）提到，独立性的强弱会影响通胀，独立性差的央行会受政府牵制，不利于熨平高通胀波动，从而不利于金融稳定。另外，独立性差的央行可能受制于诸多金融机构，为资产质量差的金融机构提供低利率援助，这在一定程度上助长了金融风险，不利于金融稳定。但是，陈丹（2018）对央行独立性和金融稳定的实证分析只是一个简单的线性回归分析，不足以解释央行独立性的提高为何会促进金融稳定。从货币政策因素看，伯杰和克米尔（Berger and Kißmer，2016）使用新凯恩斯主义模型模拟分析央行独立性与金融稳定之间的关系，发现央行独立性的程度影响货币政策策略的最优选择。央行行长越独立，就越有可能避免实施先发制人的货币紧缩政策，以维持金融稳定，即央行的独立性促进了金融稳定。

另一种观点认为，央行如果负责金融稳定，会因职责过于广泛而影响

自身独立性程度，两者呈负相关关系。威廉和比特（Willem and Buiter，2017）认为，将过多的金融稳定责任（包括宏观审慎和微观审慎监管）集中在央行身上，可能会削弱央行的独立性——传统的货币政策角色，而这种独立性在制定利率、最后贷款人职能方面可能会发挥作用。科齐乌克（Koziuk，2017）认为，危机后的央行对金融稳定负有更广泛的责任，这要求它们拥有更大的独立性，但根据以往的文献研究，央行在金融稳定领域的广泛职能限制了其独立性，并构成较高通胀水平的威胁。

七、文献述评

梳理现有文献发现，当前有关货币政策风险承担渠道的研究主要包括基于理论模型对其作用机理的研究，以及使用现实数据所做的实证分析。相关研究均证实了货币政策风险承担渠道的存在性，许多学者对其中的作用机制进行研究，发现货币政策可通过微观主体的收入、价值和现金流机制、收益获得机制、委托—代理问题作用机制作用于银行风险承担。此外，杠杆率、银行竞争、流动性创造、资本约束等因素均会影响货币政策对银行风险承担的作用。

在宏观审慎政策对银行风险承担的影响方面，由于对宏观审慎政策工具的衡量方法不同，现有研究对于宏观审慎政策对银行风险承担的影响结论也存在差异。此外，现有研究也缺乏关于宏观审慎政策对银行风险承担作用机制的分析。

目前，关于宏观审慎政策与货币政策的协调效应是学者们的研究热点，相关文献十分丰富。主要观点分为两类：一类学者认为，由于货币政策和宏观审慎政策目标的不一致性，两者可能会产生冲突；另一类学者认为，货币政策与宏观审慎政策可以相互促进，两者协调搭配可降低信贷风险、杠杆率、资产价格、系统性风险，减缓经济和金融波动，有利于实现经济稳定和金融稳定目标。在微观层面，大多数研究认为双支柱调控框架在一定程度上可以有效降低银行的风险承担水平，而有关其作用机制的文献目前还比较少，有研究证实双支柱调控能通过提高银行资产回报率、降低盈利波动性以及降低影子银行的规模等途径降低银行风险承担。

央行独立性对宏观审慎政策的影响渠道包括政治影响渠道、货币政策影响渠道、法律渠道以及金融机构渠道等。而作为宏观审慎政策实施主体的央行，能提高宏观审慎政策的政策效果。央行独立性与金融稳定的关系均与政治因素和货币政策因素有关。有学者认为，央行独立性利于金融稳定，央行独立性程度越高，在维护金融稳定的过程中受政府的约束就越小，从而可以更好地实现金融稳定目标。也有学者持相反的观点，认为如果央行负责金融稳定的目标，职责更广泛，那么受货币政策因素的影响将会更大，反而不利于金融稳定目标的实现。

第三节　研究内容与方法

一、研究内容

本书主要从理论研究和实证研究两个方面展开论述，前者包括货币政策风险承担渠道理论、宏观审慎政策对银行风险承担影响的理论研究、双支柱调控对银行风险承担的影响研究；后者从银行风险承担角度对货币政策、宏观审慎政策以及双支柱调控框架的政策效应进行分析，并研究了中央银行政策实施及独立性对金融稳定性的政策效应。各部分内容呈现出依次递进的关系，体现了由宏观到微观、由一般到具体的研究范式。各部分内容及关键研究问题如图 1.1 所示。

研究内容一：货币政策风险承担渠道理论研究。

在理论方面，首先，对货币政策风险承担传导渠道的提出进行阐述，先指出传统货币政策传导渠道——利率传导渠道、信贷传导渠道、资产价格传导渠道和外汇传导渠道，随后系统比较货币政策风险承担传导渠道和传统渠道，区分两类传导渠道的考虑因素及作用机理。其次，系统分析货币政策风险承担渠道的作用机制，主要从收益获得机制，微观主体的收入、价值和现金流机制，杠杆机制，货币当局的沟通以及反应机制四方面进行阐述。最后以上述理论研究为基础，将货币政策的风险承担渠道作用机制归纳为收益和杠杆两种机制，对这两种机制进行数学证明，得出银行在风险预测和杠杆约束条件下的收益最大化函数，进而构建混合机制指标。

在实证方面，本书采用系统 GMM 动态面板回归模型检验我国银行风险承担渠道的存在性，分别将杠杆机制和收益机制量化为可得指标，挖掘利率变动时对风险承担渠道的不同影响。之后通过将混合机制指标纳入研究，分析杠杆和收益混合作用机制对银行风险承担造成的影响，同时也研究了不同货币政策工具的选择对于银行风险承担的影响。

研究内容二：宏观审慎政策对银行风险承担的影响研究。

在理论方面，首先将宏观审慎政策按照工具划分为资本类、资产类和流动性宏观审慎政策工具。其次介绍三种宏观审慎政策工具对银行风险承担的影响机制。最后从贷款损失准备角度出发，对贷款损失准备计提方法的理论进行详细探讨，将与主题相关的动态贷款损失准备的相关理论穿插其中，通过理论分析发现了宏观审慎工具的使用会对商业银行计提贷款损失准备产生影响，动态贷款损失准备工具会导致商业银行多计提贷款损失准备，有利于降低银行风险承担水平。宏观审慎政策有利于提升银行经营的稳健性，实现维护金融稳定的目标。

在实证方面，把贷款损失准备作为银行风险承担的代理变量，实证检验宏观审慎政策对银行风险承担的作用，得出宏观审慎政策能够降低银行风险承担水平的结论；对银行异质性进行分析，发现对于所有类型银行，宏观审慎政策代理变量的回归系数均显著为正，说明宏观审慎政策对各类型商业银行风险承担的影响不具有差异性，相关性均与总体保持一致。

研究内容三：双支柱调控框架对银行风险承担的影响研究。

在理论方面，首先，通过介绍双支柱调控的目标以及在国外与国内双支柱的提出背景，从必要性和有效性方面分析了双支柱调控的内在逻辑。其次，通过理论分析得出双支柱调控框架能够有效降低商业银行的风险承担水平，并且探讨了在四种不同的经济周期情境下，双支柱调控政策的具体运用以及影响情况。最后，进一步分析发现，宏观审慎政策可以通过有效地降低商业银行的逐利效应，进而减轻货币政策对商业银行风险承担水平的影响。

在实证方面，首先，采用 Z 值来衡量商业银行的风险承担水平，分析双支柱调控框架对银行风险承担的作用，发现宏观审慎政策能够调节货币

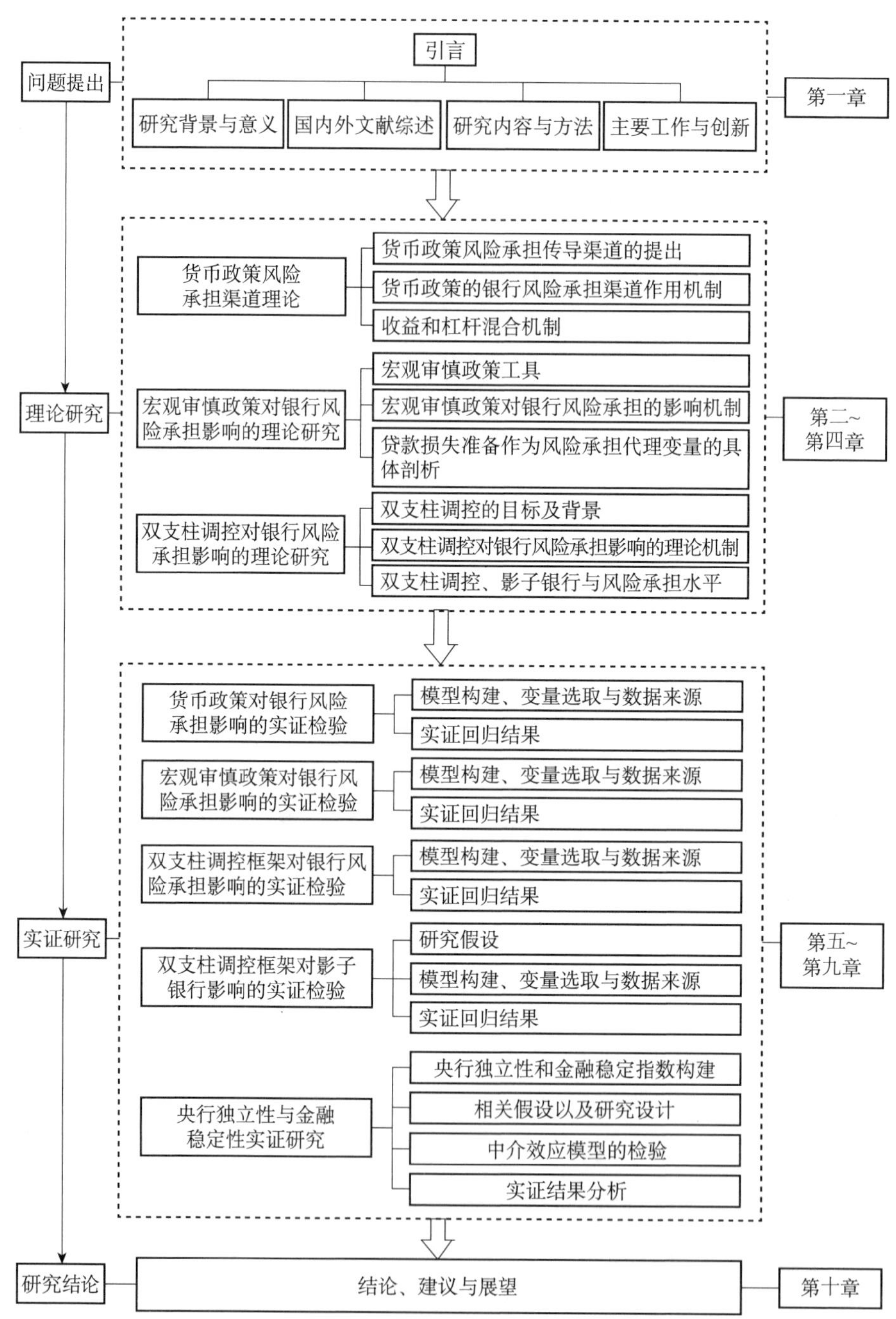

图 1.1　本书主要研究问题及内容逻辑关系

政策放松时所带来的过度风险承担，双支柱调控在一定程度上能够降低银行风险承担；考虑到银行性质的影响，将样本银行分为国有和股份制商业银行以及城市和农村商业银行进行检验。其次，对不同类型宏观审慎政策工具与货币政策协调搭配的政策效用差异进行分析，并通过机制检验发现双支柱协调搭配能够通过提高银行资产收益率从而降低银行风险承担。最后，分析了双支柱调控的政策效用在不同经济周期下的非对称性。

研究内容四：双支柱调控框架对影子银行的影响研究。

在理论方面，分析了宏观审慎政策会通过信贷渠道和资本渠道影响商业银行的信贷条件和信贷流动性，从而对商业银行资产规模产生影响，进而对影子银行产生间接影响。宏观审慎政策对影子银行业务具有抑制作用，双支柱调控对影子银行的影响更明显，能够减小影子银行的规模，进而有利于降低银行的风险承担水平。

在实证方面，研究了货币政策、宏观审慎政策以及由中国人民银行、中国银行保险监督管理委员会、中国证券监督管理委员会和国家外汇管理局联合发布的《关于规范金融机构资产管理业务的指导意见》（以下简称资管新规）对影子银行的影响。在进行影子银行数据选取时，以 2005 ~ 2020 年 54 家上市商业银行影子银行的业务规模为研究对象，研究双支柱调控框架下不同经济政策对影子银行的影响，弥补现有文献从单一角度研究影子银行的不足。在此基础上，通过对样本进行划分来分析经济政策对不同类型商业银行影子银行业务的异质性影响。最后，采用双重差分法研究资管新规出台对影子银行的作用。

研究内容五：央行独立性（CBI）与金融稳定性研究。

在理论方面，本书基于政府压力与银行自身压力共同作用的 CBI 指标和金融稳定指数，构建央行独立性与金融稳定性的理论模型，检验 CBI 是否会对金融稳定性产生影响。最后结合研究内容二，得出政策制定者在政策上的最佳选择与 CBI 共同作用对金融稳定的影响机理。

在实证方面，选择一元并行多重中介效应模型分析宏观审慎政策介入、央行独立性对金融稳定性的作用，对中介效应和各系数乘积进行了检验和分析，并分析了各显著性路径的贡献率，最终确定出央行独立性影响金融稳定性的传导路径，为我国完善双支柱调控框架、明确其职能所在、最大化发挥其职能从而保障金融体系稳定、经济平稳发展提供依据和建议。

二、研究方法

（一）文献研究法

本书收集并整理了国内外关于货币政策风险承担渠道、宏观审慎政策对银行风险承担的影响、宏观审慎政策与货币政策的协调效应以及对银行风险承担的影响、央行独立性对宏观审慎政策的影响渠道、央行独立性对金融稳定性影响的相关文献，梳理了学者们对相关问题的看法，在此基础上进一步展开了理论分析与实证研究。

（二）理论分析法

首先，在理论模型中，本书从收益渠道和杠杆渠道两个角度分析货币政策风险承担渠道作用机制，并建立混合机制指标。其次，分析资本类、资产类、流动性类三种类型的宏观审慎政策工具对银行风险承担的作用机制，研究将贷款损失准备作为银行风险承担代理变量时宏观审慎政策的影响作用。再次，进一步梳理双支柱调控对银行风险承担的影响，并阐述不同经济周期和杠杆水平下的异质性，分析逐利效应和减小影子银行规模的作用机制。最后，在构建央行独立性指数和金融稳定性指数的基础上，分析在宏观审慎政策的介入下央行独立性对金融稳定性的信贷传导渠道和利率传导渠道。

（三）对比分析法

首先，本书在研究货币政策的风险承担渠道时，对比传统传导渠道与风险承担传导渠道的异同。其次，在实证研究宏观审慎政策工具对银行风险承担的影响时，对比分析宏观审慎政策对不同类型银行影响的异质性。再次，从四个情境出发对比分析双支柱政策在不同经济周期下的具体运用。最后，采用双重差分法进行实证检验，对比得出资管新规出台对影子银行规模的显著抑制作用。

（四）实证研究法

首先，在运用面板模型研究货币政策对银行风险承担的影响时，将混合机制指标纳入研究，探究杠杆和收益混合作用机制对于银行风险承担造成的影响，并引入宏观经济、微观银行层面控制变量，对比分析在不同条件下货币政策代理变量对银行风险承担的影响。其次，在研究宏观审慎政策对银行风险承担的影响时，以银行风险承担作为因变量、宏观审慎政策作为核心自变量，检验比较了混合效应模型、固定效应模型和随机效应模型，最终确定随机效应模型进行研究。再次，使用固定效应模型实证分析双支柱调控对银行风险承担的影响，又运用中介效应模型检验了双支柱调控能够通过提高银行资产收益率从而降低银行风险承担这一影响机制。之后选取商业银行的影子银行相关业务规模代表影子银行，检验了固定效应模型和随机效应模型下货币政策、宏观审慎政策以及二者协调配合对影子银行的影响，并运用双重差分法 DID 分析研究资管新规出台对影子银行的影响。最后，在研究宏观审慎介入下央行独立性与金融稳定性的关系中，选择一元并行多重中介效应模型，对中介效应和各系数乘积进行了检验和分析，并对显著传导路径检验结果进行分析，最终确定出影响金融稳定的传导路径。

第四节　主要工作与创新

一、主要工作

本书以政策管理实施主体——央行为研究主体，以货币政策和宏观审慎政策为研究客体，以风险承担渠道为研究主线逐一展开。首先，通过对货币政策的风险承担渠道理论进行梳理与剖析，拓展得出基于收益渠道和杠杆渠道的货币政策风险承担新机制。其次，以此为依据进一步研究宏观审慎政策对银行风险承担的影响及作用机制。再次，梳理了双支柱调控对银行风险承担的影响机制，并分析了双支柱调控政策对影子银行的影响。

最后，构建我国的央行独立性测度指数和金融稳定性指数，研究基于宏观审慎传导渠道央行独立性对金融稳定性的影响，提出综合政策方案。

二、主要创新点

第一，在货币政策风险承担的理论研究方面，多数认为货币政策对银行风险承担的作用机制主要包括四种机制：参与主体的价值、收入和现金流机制；追逐收益机制；央行的沟通及反应机制；杠杆机制。本书通过理论分析将其归为收益效应和杠杆效应两种机制，并构建了混合机制指标。之后将混合机制指标引入至实证模型中，验证综合效应与银行风险承担之间的关系。

第二，本书用贷款损失准备来衡量银行风险承担水平，对贷款损失准备计提方法的理论进行详细探讨，通过理论分析发现，动态贷款损失准备工具会导致商业银行多计提贷款损失准备，从而得出宏观审慎工具的使用会降低银行的风险承担水平，并通过实证分析对这一结论进行验证。

第三，本书分析了双支柱调控对银行风险承担的影响机制，并从不同经济周期情境下分析双支柱政策的影响效果，以及“逐利效应”下的中介传导作用机制，最终分析得出双支柱调控框架能够有效降低商业银行的风险承担水平。

第四，现有文献较少有研究双支柱调控对影子银行的影响，本书研究了各种政策——宏观审慎政策、货币政策和资管新规的出台对影子银行规模的影响，并考虑了政策协调配合对影子银行规模扩张的影响。

第五，国内鲜有文献研究央行独立性对金融稳定性的影响，即便是现有的相关文献，其研究重点多是央行独立性或金融稳定性指标的构建和定性分析。而国外研究观点不一，央行独立性对金融稳定性是否具有促进作用仍在讨论，并且对宏观审慎因素考虑较少。本书将宏观审慎因素整合为模型中的多个中介变量进行讨论，剖析了央行独立性是否对金融稳定性具有促进作用，同时也厘清了中间传导渠道。

第二章　货币政策风险承担渠道理论

本章首先阐述了货币政策的风险承担传导渠道，其次比较分析了货币政策风险承担传导渠道与货币政策传统传导渠道的异同，再次详细分析了风险承担渠道的作用机理，最后构建混合机制指标，为后面的实证检验奠定了基础。

第一节　货币政策风险承担传导渠道的提出

一、银行风险承担的相关概念

商业银行风险承担是指银行主动承担风险的意愿和行为，高收益往往伴随着高风险，当经济向好时，面对巨大的利益诱惑，商业银行往往会选择较为冒险的经营与投资方式，导致其面临较高的风险，风险承担水平上升；当经济衰退时，商业银行又会采取较为保守的经营与投资方式，降低风险承担意愿，风险承担水平下降。因此，从商业银行的角度来看，宏观审慎监管的目的是在促进经济良好运转的基础上，将商业银行的风险承担意愿控制在合理范围内。

银行风险承担可以分为主动风险承担和被动风险承担。其中，主动风险承担是指发生在银行发放贷款时的行为，反映了银行主动承担风险的意愿，银行会主动调整其风险承担水平，以实现利润最大化的目标。主动风险承担主要表现为风险承受能力和信贷标准的改变。被动风险承担则是银行在发放贷款之后承担的风险，主要表现为在自身风险容忍度没有发生变化的情况下，由于银行风险识别不当而导致银行风险承担水平增大，或是在宏观条件不确定等因素下导致的银行信贷违约风险增大，被动风险承担会对金融稳定产生直接影响（顾海峰和张盈盈，2023）。

二、货币政策传统传导渠道

理论上，央行通过制定和执行货币政策来达到稳定币值、充分就业、经济增长、国际收支平衡等最终目标，而在实践中，央行通常难以直接实现最终目标。因此，在实行货币政策过程中通常会选取中介目标对宏观经济进行调控，通过中介目标传导渠道最终作用于实体经济。

传统的货币政策传导渠道有以下四种。

（1）利率传导渠道。利率传导是凯恩斯主义的核心思想，凯恩斯主义认为货币政策会引起利率的改变，因而提出了 IS – LM 模型，在该模型中货币政策通过利率传导至实体经济。货币当局制定的货币政策影响货币供应量，货币供应量的变化会影响货币市场利率的变化，利率的变化会影响公司的借贷成本、投资规模和微观个体行为，进而影响产出和就业。该机制强调货币政策对利率的影响以及利率变化对实体经济的影响。

（2）信贷传导渠道。信贷传导渠道是指当股票、债券和银行存款在投资者看来不能完全替代时，货币政策通过货币供给对银行的可贷资金规模造成影响。银行作为厂商、投资者最主要的资金来源，其信贷规模影响了个人、企业和其他微观个体的投资行为，从而影响了实体经济。银行的信贷行为在信贷传导渠道中起到了重要作用。在经济萧条时，央行采取扩张性货币政策增加市场的流动性。此时，银行准备金扩张，在货币乘数不变时货币供给量增长，流动性整体扩张，进而银行会扩大其贷款规模。企业和居民的筹资意愿及筹资能力增强，更容易获得银行贷款，充足的资金使社会投资和消费增加，最终使社会总支出增加并对社会经济活动产生影响。当经济过热时，央行可能会实施紧缩型货币政策，此时银行贷款供给下降，企业很难从银行取得贷款资金，也很难得到其他形式的外部融资，企业和居民将减少对外投资和消费，总产出随之减少，进而可能会导致经济进入衰退。

（3）资产价格传导渠道。货币当局调控会影响股票和债券等金融资产的价格，并进一步影响实体经济中的其他金融资产，以实现货币政策的目标。资产价格传导是一种重要的货币政策传导渠道，可以用托宾 Q 理论来解释其作用机理。该理论认为，货币政策会影响金融市场中的货币供给量和市场利率，这些变化会影响人们对不同金融资产的持有偏好，使得公众会喜好某一种资产而抛售其他资产。Q = 企业市场价值/企业资本重置成本。当央行缩紧银根时，企业的市场价值会降低，托宾 Q 减小，企业股票市值相对于资本重置成本降低，企业的投资支出会下降，总产出将降低。

（4）外汇传导渠道。凯恩斯率先将利率纳入货币政策框架，其汇率传导机制的核心是利率平价理论。之后，美国经济学家蒙代尔和弗莱明（Mundell and Flemins）在凯恩斯 IS – LM 模型的基础上提出了蒙代尔—弗莱明模型（M – F 模型）。接着，多恩布什（Dorabush）在蒙代尔—弗莱明模型的基础上引入理性预期和价格调整因素，提出了汇率超调理论，最终形成了蒙代尔—弗莱明—多恩布什模型（M – F – D 模型）。采用 M – F 模型进行分析，在浮动汇率制度下，当一国调整货币政策时，会引起本国利率的变化，根据利率平价理论，资本总是由利率较低的国家流向利率较高的国家，从而引起汇率变动。根据购买力平价理论，汇率变动会影响物价水平，进而影响本国的进出口水平，最终改变本国的经济产出水平。

我国的汇率政策是有管制的浮动汇率制度，外汇传导渠道正是作用于浮动汇率制度下。当一国采取信贷宽松政策时，市场上流动性扩张，因而国内的利率水平下降。利率作为一国货币的价格，在下降时本国货币就会被更多地兑换为外币，本币外流严重，引起本币贬值，使本国商品相对外国商品的价格下降，从而导致本国的净出口增加，总产出增加。这样一来，央行的扩张性货币政策通过影响汇率促进了产出水平的增长。

我国现行的汇率制度严重阻碍了货币政策汇率传导渠道的形成，资本不能完全自由流通、汇率制度也不是完全浮动。因此，目前来看，外汇传导渠道在我国是难以实现的，货币政策的执行不会通过影响人民币汇率而影响国民总产出。

三、货币政策风险承担传导渠道

世界金融危机使人们改变了对宽松货币政策的看法。传统的宽松货币政策带来宽松的流动性和较长期的低利率，使得实际利率长期处于低位，引起了不动产以及资产证券化产品的价格泡沫，导致金融风险不断累积，金融机构承担风险的意愿也逐渐增强。可以看出，货币当局的宽松政策影响了以银行为主的金融机构的风险承担意愿，进而使整个金融体系风险不断累积。央行政策工具运用会引起银行风险的变化，商业银行作为理性个体为实现收益最大、风险最低会根据对未来货币政策的预测来制定自身的风险承担计划，进而影响银行贷款决策，由此产生了货币政策风险承担传导渠道。

当经济萧条时，货币当局采取较为宽松的货币政策，通过降低存款准备金率、公开市场逆回购、降低再贴现利率三大工具向市场投放流动性。一方面，利率的降低引起金融资产价格上升，持续的低利率引起资产泡沫的堆积；另一方面，银行融资成本降低，会主动向央行借款，使准备金规模扩大，进而提高了信贷规模，银行主观上看到央行宽松信号而加大了杠杆率以及高风险资产的头寸，扩大了风险承担意愿。这样一来，市场上风险进一步累积，系统性风险激增。美国2008年金融危机就是美国货币当局大量信贷扩张引起银行收益激增，所以银行增加房地产抵押贷款数量，地产价格越炒越高，最后泡沫破裂，银行的大额不良贷款无法收回，出现流动性危机，导致金融市场出现恐慌情绪引起挤兑，银行破产进而引起实体经济陷入危机，从而造成了世界金融危机。

当前，我国央行明确提出探索建立双支柱政策框架，探索货币政策与宏观审慎政策的协调、配合，其目的在于控制系统性金融风险，防止风险的过度累积。因此，货币政策的风险承担传导渠道在控制系统性风险、实施双支柱政策过程中起着重要作用。

四、货币政策风险承担渠道与传统渠道的比较

通过前面关于风险承担传导渠道和传统渠道的阐述，可以看出，风险

承担可以作为一种传导渠道对央行的货币政策产生影响，传统的货币政策传导因子中主要包括利率、信贷、资产价格以及外汇等金融工具，风险因子并没有被纳入传导路径，即货币政策分析往往忽视了风险因素和风险对传导的影响。

货币政策传统意义上的传导渠道大多数是基于中介指标进行分析，如利率、信贷量、货币供应量这些指标都可以作为货币政策的中介指标，央行可以通过调节法定准备金率、调节再贴现率、公开市场操作以及一些结构性货币政策有针对性地调节经济。这些宏观经济变量具有可控性、可测性，因而较多被传统的货币政策传导渠道所使用。不同于传统的传导渠道，风险承担渠道更多地关注金融机构这些微观个体对于风险的偏好和风险容忍度，以及这些对于主体经济的影响。货币政策的调整先是影响利率等中介指标，进而引起商业银行行为变化，使商业银行对风险资产持有量发生变化；并对银行融资成本、资本结构、资产价格造成影响，使银行重新规划贷款种类和规模，通过贷款变化影响实体经济的运行。

总的来说，传统的货币政策传导渠道多是考虑宏观经济因素，主要有利率渠道、信贷渠道、资产价格渠道、汇率传导渠道；风险承担传导渠道主要考虑微观因素，即金融中介机构的风险承担能力和意愿，其作用机理主要是收益机制和杠杆机制。

第二节　货币政策的银行风险承担渠道作用机制

货币政策对银行风险承担的作用机制主要包括四种：收益获得机制，微观主体的收入、价值和现金流机制，杠杆机制，货币当局的沟通以及反应机制。

一、收益获得机制

收益获得机制是指银行的目标收益率与当期贷款利率之间关联的机制，

因为商业银行的目标收益率具有“黏性”[①] 特征，其预期盈利不会随着贷款利率的变化而快速变化，而且银行为了赢得信誉需要保证承诺客户的收益率，所以会开展更多的高风险业务，进而提高自身的风险承担水平。例如，在东南亚金融危机之前，货币当局实行较宽松的货币政策，许多商业银行、投资机构倾向于投资高风险的股票、基金、债券而放弃较低风险的国债。

目标收益率产生“黏性”的主要原因如下。第一，固定合约。一些金融机构拥有大量的闲置资金，并且平时没有大量的流动性需求，这就要求投资的目标收益率较高并且要高于其固定的资金获取资本。例如，养老保险机构日常资金的流动性需求很小，养老资金就可以投资于收益率较为固定的标的。第二，非理性行为。金融机构的行为特征也会造成黏性。当市场繁荣时市场预期收益率处于高位，繁荣过后金融机构难以降低其对于预期收益率的期望值。金融机构的预期报酬率与市场利率差距越大，金融机构越难以接受真实的报酬率，越倾向于追求过去较高的报酬率。因此，当市场流动性较高时，金融机构投资的真实收益率较低，由于想追求过去较高的收益率，金融机构倾向于增加自身风险投资，这种非理性的行为引起风险增高；相反，当市场流动性紧缺时，资金较为紧俏，金融机构可以获取相对较高的真实收益率，这与其期望收益率大概相同，因而其不会盲目增加风险投资，自身承担的风险较低。

二、微观主体的收入、价值和现金流机制

这种机制与经济推进器相似，是一种金融推进的累加效应。例如，长期的低利率会使银行的存贷款利差以及居民抵押在银行资产的价值发生改变，进而影响银行的收益。银行会因此改变对不良资产、贷款损失的计量方法。在做完以上调整后银行的风险承受能力会有所提升。

换句话说，流动性充足的市场环境会引起利率降低，银行存贷款利差变化会引起收益提升，使持有的资产价格升值。这些利好消息会使银行处于乐观情绪，从而减少对市场潜在风险的关注。越是忽视潜在的金融风险，

① 目标收益率的“黏性”是指为了保证收益和偿付，银行将目标收益率确定在一个长期稳定的水平上。

银行所承受的风险就越大。因此，在货币当局释放宽松货币信号时，商业银行的风险在不自觉地增加。

三、杠杆机制

我国银行在经济良好时期的杠杆率通常是较为稳定的。在金融危机发生时，银行的盈利能力以及资产的价格会遭受损失，这些损失可以通过购买和出售资产来解决，而不是通过增加股本或分配股息来解决。

商业银行在顺经济周期的杠杆率特征为：银行资产负债表扩张时，杠杆率会增大；银行资产负债表收缩时，杠杆率会减小。MM 定理认为，项目融资的方式与项目投资规模和标的相互独立，即银行资产规模与银行采取股权或债券融资无关。然而，上述结论并非一直成立。金融机构的股权一般不变，面对冲击时，金融机构一般倾向于调整总资产规模来调整杠杆率而不变动股权。因此，当货币政策宽松时，金融机构总资产价格会上升，当负债不变时，其杠杆率会降低。因为在宽松货币政策即顺周期时杠杆率应该升高，所以银行必须扩大杠杆率。另外，银行优先改变资产规模而非改变股权。可见，银行需要增加持有风险资产。总的来说，在宽松货币环境下，商业银行会主动举债，将其杠杆率升高，因此，其必须增加风险承担。

四、货币当局的沟通以及反应机制

在制定决策时，央行常常通过影响公众预期来达到货币政策调整的目标。央行的可信度、透明度和沟通效果将随着公众对于货币政策的预期改变而发生变化。央行虽然希望通过增强自身的信誉和政策透明度来获得民众的支持，增强货币政策的实施效果，但同时也可能会降低利率并增加银行的风险。与此同时，如果出现经济波动，金融机构预期央行会实施一定的政策为其提供帮助，以维持经济和金融稳定，因而金融机构对未来预期是乐观的，这将增大其风险资产的比例，进而承担更多风险。因此，尽管在经济景气时期，央行也应该采取紧缩的货币政策。

第三节　收益和杠杆混合机制

结合前面的分析，这里将货币政策风险承担渠道的作用机制归纳为以下两种。一种是收益机制，即由于黏性目标收益率而追求高收益、由于资产收益高而放松风险感知进而提高风险承担。另一种是杠杆机制，即顺周期下为了提高杠杆率而引起的风险承担的增加。货币当局的沟通反应机制涉及央行的信誉且透明度不易量化。货币政策对银行风险承担的影响，取决于杠杆机制和收益机制的共同作用。接下来，首先通过数理模型验证这两种机制，在此基础上建立收益和杠杆混合机制，为后面的实证分析奠定基础。

银行的资产负债表中资产等于负债 d 与权益 c 之和。对于银行的管理层和股东来说，银行经营的目标是股东剩余收益最大化。在这种情况下，负债 d 来自过去的留存收益或者银行股东的内部股权。权益 c 为内部股东获得银行的剩余收益。除了 d 和 c 以外，我们还定义了以下变量：

x：银行选择的风险敞口；

r：银行融资利率；

R（x）：银行风险投资总收益率；

P（x，d）：银行风险资产投资生存概率（没有发生违约），这与银行风险敞口 x 以及杠杆 d 有关。

银行预期收益模型如下：

$$E[\Pi]=P(x,d)[R(x)(d+c)-rd] \tag{2.1}$$

预期收益是由银行生存概率与生存情况下的净收益相乘得来的。x 与 d 都被定义在如下的闭区间内：$x\in[0,X]$，$d\in[0,D]$。这可以使得生存概率 P（x，d）在 0～1。此外，我们假设以下公式成立。

P（0，d）=1，当银行没有风险承担时不存在违约的可能性。在这里定义 x=0 为无风险敞口。

P（X，d）=0 以及 P（x，D）=0，当银行选择最高风险敞口或者负债最大化时，银行投资的生存概率为 0。

$P'x<0$，$P''x<0$，$P'd<0$，$P''d<0$，违约风险随着银行杠杆和风险敞口的增加而激增。虽然数量很小的风险难以造成银行的违约，但是随着风险行为的增加，违约可能性增加的速度变快，银行生存概率减少的速度变慢。

$R'(x)>0$，$R''(x)<0$，在不违约的情况下，银行的收益为 $R(x)(d+c)-rd$。增加的风险承担降低了银行生存概率，但是如果银行能够生存则可以获得高额的回报。虽然收益率 R 来自银行承担的风险，但是边际风险收益却是下降的。换言之，为了更高的收益，银行不得不把风险承担推到更高的水平。

定义 $x^* \in (0, X)$，$d^* \in (0, D)$ 分别为最优银行风险敞口和最优杠杆水平。

$r=R(0)$，在这种情况下 r 等同于无风险收益率（$x=0$）。因此，银行融资成本为无风险收益率，在此模型中 r 为货币政策制定的基准利率，由此可反映货币政策对于银行风险承担的影响。

构建收益最大化函数：

$$\max E[\Pi]=\max P(x, d)[R(x)(d+c)-rd] \tag{2.2}$$

在此模型下，货币政策实施对于商业银行风险的影响被转化为货币政策基准利率 r 对银行最优风险敞口 x^* 的影响。

由前面可以得出，货币政策风险承担传导渠道的机制可以分为两类：一是通过收益影响，二是通过杠杆影响。我们可以量化为以下公式：

$$\frac{dx^*}{dr}=\frac{\partial x^*}{\partial r}+\frac{\partial x^*}{\partial d^*}\frac{\partial d^*}{\partial d} \tag{2.3}$$

定义两种传导机制如下。

收益机制：$\frac{\partial x^*}{\partial r}>0$ 说明当银行杠杆率一定的时候，货币政策基准利率 r 升高会使银行盈利能力减弱，为了确保最佳收益，银行最优风险敞口 x^* 将变大。

杠杆机制：$\frac{\partial x^*}{\partial d^*}\frac{\partial d^*}{\partial r}<0$ 说明货币政策基准利率 r 升高会使银行负债的成本升高，银行为了避免过高的负债成本选择降低杠杆率，从而使得银行最优风险敞口 x^* 减小。

证明过程如下。

首先证明收益机制。

对式（2.1）的右侧求关于 x 的一阶导数并令其为零（求极大值）：

$$P'x(x, d)[R(x)(d+c) - rd] + P(x, d)R'(x)(d+c) = 0$$

因为 $P'x(x, d) < 0$，所以原式可改写为：

$$\frac{rd}{d+c} = R(x) - R'(x)\frac{P(x, d)}{|P'x(x, d)|} \tag{2.4}$$

我们可以从式（2.4）中推导出 r 与 x（任何 x 的值，包括 x^*）的关系。

将式（2.4）的右半部分命名为（RHS），将 RHS 关于 x 求偏导可得：

$$\frac{\partial RHS}{\partial x} = R'(x)\left(R''(x)\frac{P(x, d)}{|P'x(x, d)|} + R'(x)\frac{P'x(x, d)}{|P'x(x, d)|}\right) > 0$$

符号判断是根据 $R'(x) > 0$，$R''(x) < 0$，$P'x < 0$，$P''x < 0$ 得到的。将式（2.4）重写为$\frac{rd}{d+c} = RHS$。可以看出，RHS 是关于 x 的增函数，因而等式左侧部分也是 x 的增函数。由此可以得出以下结论：第一，$\frac{\partial x^*}{\partial c} < 0$，银行自有资本的增加会减少银行风险承担，说明银行监管中对于银行核心资本的要求可以降低银行业风险；第二，$\frac{\partial x^*}{\partial c} > 0$，银行负债的增加会使银行风险承担增加，说明银行通过增加杠杆率来获得高额收益会同时造成高风险承担；第三，$\frac{\partial x^*}{\partial r} > 0$，货币政策基准利率的提高降低了银行的收益能力，因而银行会主动购买高收益的资产，同时风险也相应增加。这就是收益机制。

其次证明杠杆机制。

因为前面已经证明$\frac{\partial x^*}{\partial d} > 0$，所以接下来只需要证明杠杆机制$\frac{\partial x^*}{\partial r} < 0$。我们可以对式（2.2）右侧求关于 d 的一阶导数，并令其为零（求极大值），可得 $P'd(x, d)[R(x)(d+c) - rd] + P(x, d)[R(x) - r] = 0$，化简后可得：

$$d^* = \frac{P(x, d)}{|P'x(x, d)|} - \frac{c}{R(x) - r}$$

两边同时求关于 r 的一阶偏导可得$\frac{\partial d^*}{\partial r}<0$（原因同收益机制）。因此，$\frac{\partial x^* \partial d^*}{\partial d^* \partial r}<0$，杠杆机制得以证明。

从收益机制和杠杆机制可以看出，货币政策基准利率（无风险利率）变化时会造成银行两种方向的风险承担变化。一方面，基准利率提高使得银行收益能力受阻，高的利率使银行的融资成本升高，银行为了获得最优的收益必须要扩大风险承担。另一方面，银行的融资成本随着基准利率的升高而提高，持有负债的成本加大，银行不得不降低杠杆率，从而银行持有风险资产的动力减弱，风险承担降低。

银行的风险承担水平受货币政策影响分为收益和杠杆两个相反的方向。当收益效应大于杠杆效应时，货币政策利率上升会使银行扩大风险承担；当杠杆效应大于收益效应时，货币政策利率上升会降低银行的风险承担。在实际中，无论是收益机制还是杠杆机制，对于银行来说都是要综合考虑的，要研究货币政策风险承担传导渠道，就要将收益和杠杆混合机制列入研究范围。

银行收益机制主要体现在其权益收益上，我们用银行的权益收益同比来度量收益机制；而杠杆机制主要体现在银行的资产负债比上，我们用资产负债比的同比来度量杠杆机制。因此，可以将货币政策对银行风险承担影响的混合指数定义如下：

$$\begin{aligned} COM &= \frac{|\text{收益杠杆}|}{|\text{收益杠杆}| + |\text{杠杆机制}|} \times 100 - 50 \\ &= \frac{|\text{权益收益率同比}|}{|\text{权益收益率同比}| + |\text{资产负债率同比}|} \times 100 - 50 \end{aligned} \tag{2.5}$$

混合机制指标的建立为后续章节的实证检验奠定了基础，也说明了当收益机制等于杠杆机制时，货币政策对银行风险承担不起作用；当收益机制大于杠杆机制时，混合机制为正，高利率的货币政策会引起银行追逐利润而增大风险承担；当收益机制小于杠杆机制时，混合机制为负，高利率的货币政策会增大银行筹资成本，银行会减少持有风险资产以降低成本。

第四节　小结

本章梳理了货币政策传导渠道的基本理论框架。首先，介绍了四种传统的货币政策传导渠道以及风险承担传导渠道，并对比了传统传导渠道与风险承担传导渠道的异同。其次，详细阐述了货币政策风险承担渠道的四种作用机制。最后，将货币政策风险承担渠道的作用机制归纳为收益机制和杠杆机制，辅以数理证明，构建了混合机制指标，综合考虑其对银行风险承担的影响。本章为后面章节实证分析货币政策的风险承担传导渠道提供了理论基础。

第三章　宏观审慎政策对银行风险承担影响的理论研究

本章从三种宏观审慎政策工具出发，阐述宏观审慎政策对银行风险承担的影响机制，并将贷款损失准备作为银行风险承担的代理变量具体分析宏观审慎政策对银行风险承担的影响。

第一节　宏观审慎政策工具

目前，学术界尚未形成统一的宏观审慎政策工具分类标准。根据不同的分类标准可以将宏观审慎政策工具分为以下类别。第一，切鲁蒂等（Cerutti et al.，2017）按照工具目标将宏观审慎政策工具分为针对借款人和针对贷款人两类，前者以借款人杠杆和财务状况为目标，后者以金融机构的资产或负债为目标。第二，克莱森斯等（Claessens et al.，2013）按照工具的作用渠道，将宏观审慎政策工具分为信贷类、资本类和流动性三种。信贷类工具主要对金融机构的借款者进行约束，如贷款价值比、债务收入比等；资本类工具主要对金融机构的安全性进行约束，如资本充足率、杠杆率等；流动性工具主要对银行等金融机构的流动性进行约束，包括流动性覆盖率、存贷比等。第三，国际货币基金组织（IMF，2011）根据宏观审慎管理工具是否专门针对系统性风险，将宏观审慎政策工具分为专属类和校准类。专属类包括逆周期资本缓冲、对非核心负债征税等；校准类包括动态拨备、贷款价值比、债务收入比等。第四，我国央行针对不同类型的系统性金融风险，将宏观审慎政策工具按照时间维度和结构维度两种属性进行划分。[①] 其中，时间维度的工具主要包括资本管理工具、流动性管理工具、资产负债管理工具、金融市场交易行为工具、跨境资本流动管理工具；结构维度的工具主要包括金融基础设施管理工具、阻断风险传染的管理工具等。

本书参考利姆等（Lim et al.，2011）、克莱森斯等（2013）的研究结论，将宏观审慎政策工具分为资本类工具、资产类工具、流动性工具三种类型。

一、资本类宏观审慎政策工具

资本类宏观审慎政策工具是宏观审慎政策中最为重要的一类指标，主要包括资本充足率、杠杆率、逆周期资本缓冲、资本留存缓冲、系统重要性机构资本缓冲、动态拨备计提。

资本充足率反映银行的资本充足程度，它所体现的是银行承担损失的能力，可以在银行面临较大风险时发挥缓冲功能。商业银行利用较少的资本运作较多的债权资产，在获得高回报的同时也承担着较高的潜在风险。《巴塞尔协议Ⅲ》提出，全球各商业银行的一级资本充足率下限为6%，总资本最低要求保持8%。2012年6月，中国银监会发布了《商业银行资本管理办法（试行）》，该办法被称为“中国版巴塞尔协议Ⅲ”，规定一级资本充足率不得低于6%，资本充足率不得低于8%。资本充足率高的商业银行拥有充足的资本来应对风险的冲击，资本缓冲能够在较大程度上吸收商业银行所面临的损失，提高商业银行的稳定性。此外，拥有高资本充足率的商业银行往往也拥有较高的特许权价值，一旦破产所需承担的成本较高，也会在一定程度上降低商业银行承担风险的意愿，使得银行重视规避风险。

杠杆率为一级资本除以总资产，包括表内资产和表外资产。表内资产按名义金额确定，表外资产则需要换算为表内资产。其中对于非衍生品表外资产按照100%的信用风险转换系数转入表内，而对于金融衍生品交易采用现期风险暴露法计算风险暴露。《商业银行资本管理办法（试行）》规定，

① 2021年12月31日，中国人民银行发布《宏观审慎政策指引（试行）》界定了宏观审慎政策相关概念，阐述了宏观审慎政策框架的主要内容，并提出了实施好宏观审慎政策所需的支持保障和政策协调要求。

杠杆率监管标准为不低于4%，比《巴塞尔协议Ⅲ》高出1个百分点，能够弥补资本充足率的不足，控制银行业金融机构以及银行体系的杠杆率积累。

逆周期资本缓冲是让银行在经济上行周期计提资本缓冲，以满足下行周期吸收损失的需要。按照《巴塞尔协议Ⅲ》的要求，需要建立0～2.5%的逆周期资本缓冲。

资本留存缓冲是银行为了合理地规避风险，额外从一级资本中计提的留存收益，作为特别风险发生时的应急资本。

系统重要性机构资本缓冲通过增加融资成本影响金融周期可以增加银行的损失吸收能力。

动态拨备制度可以对银行风险定价和估值中存在的系统性偏差进行动态调整，能够提高损失吸收能力、抑制或抵消贷款损失准备金的顺周期性。

二、资产类宏观审慎政策工具

资产类宏观审慎政策工具主要包括拨备覆盖率、贷款价值比、债务收入比、信贷增长限制和外币贷款限制。

拨备覆盖率是指银行通过前期计提准备来提前弥补未来可能发生的无法收回的贷款所带来的损失，能够反映出商业银行弥补不良损失的能力。当计提的各项损失准备能够覆盖各项贷款损失时，说明商业银行的财务较为稳健，风险在可控范围内。根据官方规定，拨备覆盖率的最佳状态为100%，大多数商业银行的拨备覆盖率维持在120%～150%，我国国家金融监督管理总局对系统重要性银行提出150%的要求。

贷款价值比是指按揭贷款规模与房产价值的比率，贷款价值比限制有助于抑制银行对房地产按揭贷款的过度发放。

债务收入比是指借款人月债务与月收入的比率，债务收入比有助于抑制抵押贷款顺周期，保证银行资产质量。

信贷增长限制是指对银行贷款总额或特定行业的信贷额施加约束，可以有效抑制特定行业的资产价格膨胀，限制金融行业的信贷风险敞口以及信贷增长的顺周期性。

外币贷款限制能够减少外币贷款受汇率波动的共同风险敞口。

三、流动性宏观审慎政策工具

流动性宏观审慎政策工具主要包括流动性覆盖率、净稳定融资比率、存款准备金制度情况等指标。保持合理的流动性有利于商业银行增加资金储备，在面临风险时可以进行有效的风险缓冲，降低发生挤兑风险的概率。

流动性覆盖率是指，在确保商业银行在设定的严重流动性压力情景下，能够保持充足的、无变现障碍的优质流动性资产，并通过变现这些资产来满足未来 30 日的流动性需求。《商业银行流动性风险管理办法（试行）》要求商业银行流动性覆盖率应于 2018 年底前达到 100%。

净稳定融资比率是一种长期监管指标，旨在保障商业银行具有长期稳定的资金来源，以覆盖各类金融资产和负债对稳定资金的需求。

存款准备金率是央行为保证商业银行资金流动性而制定的。自 2011 年起，我国开始实施差别准备金制度，根据商业银行自身资产规模和质量，将大型银行和中小型银行进行划分，按照不同水平的存款准备金率，对其实施差别监管。央行根据经济发展状况不断调整存款准备金率。当经济过热时，适当提高存款准备金率，可以有效回笼货币，抑制商业银行的信贷扩张；当经济萧条时，下调存款准备金率，能够达到促进经济发展的目的。通过调整存款准备金率，限制商业银行的可贷资金和存款货币创造，对其流动性能力进行约束，有利于防范商业银行风险。

第二节　宏观审慎政策对银行风险承担的影响机制

前面将宏观审慎政策工具分为资本类工具、资产类工具和流动性工具，并分别介绍了三类宏观审慎政策工具的具体类型，接下来将分别分析这三类宏观审慎政策工具对银行风险承担的影响机制。

一、资本类宏观审慎政策工具的影响机制

资本类宏观审慎政策工具主要通过防范和化解系统性风险或某一特

定的部门（如系统重要性金融机构）风险，降低商业银行风险承担水平。实施资本类宏观审慎政策工具，一方面，会使银行改变存贷款利差、股权融资比重、股东分红和风险资产规模，从而影响信贷规模及资产价格，进而改变借款人违约概率，影响银行风险承担；另一方面，通过政策预期渠道影响信贷审核门槛和风险管理水平，进而影响银行风险承担。

以紧缩型资本类宏观审慎政策工具为例，当监管部门使用紧缩型资本类宏观审慎政策工具时，一方面，对商业银行资本金水平等的要求将提升，此时商业银行为了补充资本金，可能进行以下活动：提高存贷款利差、提升股权融资比重、减少股东分红、降低风险资产持有（收缩业务）。这四种方式将抑制信贷供给和需求，导致信贷规模收缩，从而降低违约概率，降低商业银行的风险承担水平；同时，随着市场需求被抑制，资产价格也会下降。另一方面，商业银行对政策信号具有一定的敏感性，因而会及时调整信贷审核的门槛，同时被迫提升风险管理水平，内控水平的提升也会降低商业银行的风险承担水平。反之，当监管部门使用宽松型资本类宏观审慎政策时，会提高商业银行的风险承担水平。紧缩型资本类宏观审慎政策工具作用机制如图 3.1 所示。

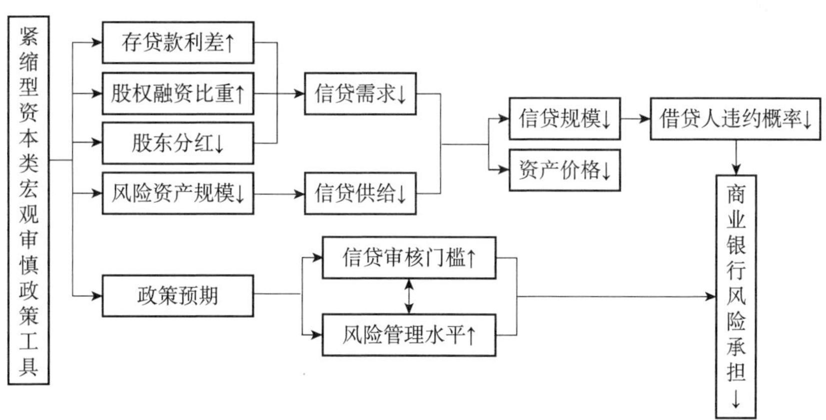

图 3.1　紧缩型资本类宏观审慎政策工具对银行风险承担的作用机制

资料来源：笔者整理绘制。

二、资产类宏观审慎政策工具的影响机制

资产类宏观审慎政策工具主要通过约束借款人的信贷规模，提升借款人在资产价格下降和收入减少冲击下财务状况的稳健性，从而达到间接降低商业银行风险承担水平的目标。具体来看，一方面，资产类宏观审慎工具能够影响借款人信贷持有限制，进而影响借款人应对风险冲击的能力和信贷规模，改变借款人违约概率，从而影响银行风险承担；另一方面，资产类宏观审慎政策工具会通过政策预期渠道影响资产价格和风险管理水平，从而影响银行风险承担。

以紧缩型资产类宏观审慎政策为例，当监管部门使用紧缩型资产类宏观审慎政策工具时，一方面，借款人被限制贷款的上限，从而抑制了借款人货币的流出，因而有足够的缓冲可以应对风险，信贷规模整体被抑制，整个社会违约概率下降，从而间接降低商业银行风险承担水平。另一方面，基于政策预期渠道，可以从两个视角进行分析。从借款人的视角看，在限制贷款的政策出台前提前进行贷款活动，从而会导致资产价格上升；但政策出台后，如前所述，将因为需求被抑制导致资产价格下降。从银行的视角看，资产类工具与资本类工具作用一致，银行对政策的敏感性使其提高自身风险管理水平即内控能力，从而降低商业银行风险承担水平。反之，当监管部门使用宽松型资产类宏观审慎政策工具时，会提高商业银行风险承担水平。紧缩型资产类宏观审慎政策工具作用机制如图 3.2 所示。

三、流动性宏观审慎政策工具的影响机制

流动性宏观审慎政策工具主要通过提高金融机构持有具有较强变现能力的资产的比重，来提升商业银行的抗风险能力，从而降低商业银行的风险承担水平。具体而言，流动性宏观审慎政策工具首先通过影响长期融资、担保融资比重以及流动性资产来改变流动性管理水平和风险缓

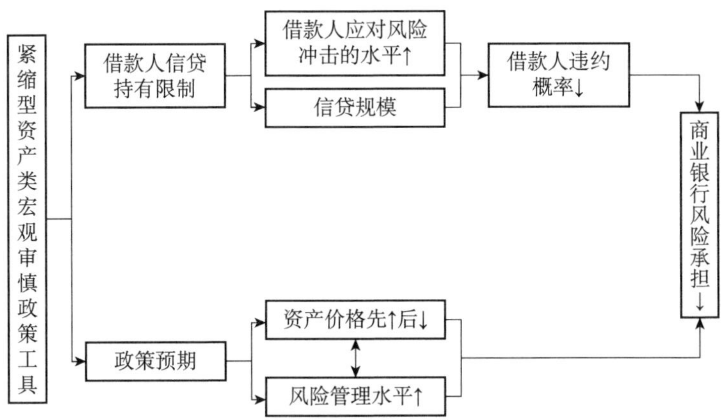

图 3.2　紧缩型资产类宏观审慎政策工具对银行风险承担的作用机制

资料来源：笔者整理绘制。

冲；其次通过影响贷款期限改变贷款规模以及违约概率；最后通过资产负债表管理和政策预期影响信贷审核门槛和风险管理水平，进而共同影响银行风险承担。

以使用紧缩型流动性宏观审慎政策工具为例，当监管部门使用紧缩型流动性宏观审慎政策工具时，银行为了达到流动性监管要求会提高流动性资产比重，其方式包括降低短期融资比重和提高长期融资比重、降低非担保融资比重和提高担保融资、降低非流动资产持有比重和提高流动性资产持有比重与缩短贷款期限，从而提升银行的流动性管理能力，积累充足的风险缓冲；由于贷款期限缩短，信贷规模收缩，违约率降低。另外，紧缩型流动性宏观审慎政策工具在政策预期层面的效果与上述两种工具一样。紧缩型流动性宏观审慎工具还可以通过资产负债表管理，改变银行自身持有的资产结构、数量以及贷款期限的偏好，从而与政策预期渠道共同提高银行的信贷审核门槛，进而降低商业银行风险承担水平。反之，当流动性宏观审慎政策放宽时，商业银行风险承担水平会提高。紧缩型流动性宏观审慎政策工具作用机制如图 3.3 所示。

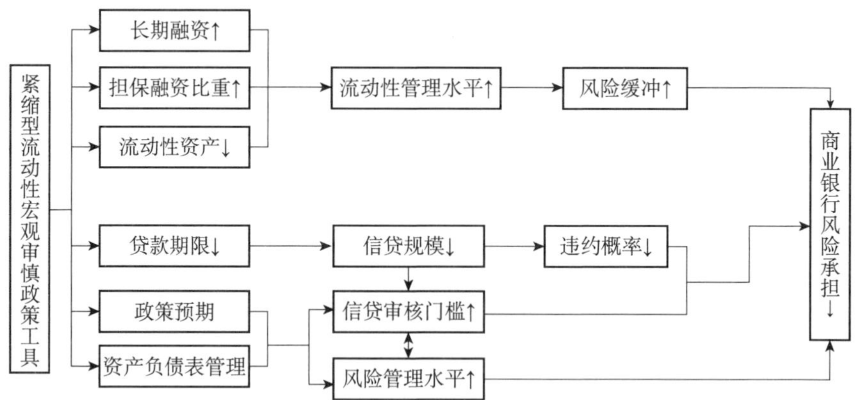

图 3.3　紧缩型流动性宏观审慎政策工具对银行风险承担的作用机制

资料来源：笔者整理绘制。

第三节　贷款损失准备作为风险承担代理变量的具体剖析

银行风险承担的代理变量主要有银行不良贷款率、Z 值、风险加权资产与总资产之比以及贷款损失准备等。贷款损失准备在银行风险管控中发挥着重要的作用，是银行传递未来经营状况稳健的积极信号，它表明银行有较强的风险缓冲能力，能够防止商业银行的过度风险承担和盲目放贷。接下来，本节将以贷款损失准备作为银行风险承担的代理变量来分析宏观审慎政策对银行风险承担的影响。

一、贷款损失准备

（一）定义

在会计中，贷款损失准备是银行贷款的备抵科目。具体而言，是指银行在谨慎性的前提下进行可能性估计，以此来合理计提的一项科目。巴塞尔协议将贷款损失准备分为三类，分别是一般准备、专项准备和特种准备。

一般准备针对的是尚未出现的可能发生的一般性损失，其覆盖的损失并不是一个特定的问题贷款，而是所有贷款，根据一定比例进行计提，在资产负债表中主要以负债的形式存在；专项准备与一般准备相比，具有针对性和具体性的特点，根据分类之后的贷款，按照不同的比例计提相应的专项准备，其对应的是具体的问题贷款，该问题贷款在未来大概率会发生损失，其在资产负债表中一般以资产减值的形式存在；特种准备相对于前两种准备来说更加具体，一般不怎么使用，针对性更强，是对特定的风险进行的计提。

在金融监管方面，贷款损失准备可用来吸收损失和风险，是化解风险的首选工具，也是重要的银行监管指标，反映银行对风险的抵御能力，能有效地维护金融稳定。2018 年 2 月，银监会发布《关于调整商业银行贷款损失准备监管要求的通知》，明确拨备覆盖率监管要求由 150% 调整至 120% ~150% ,贷款拨备率监管要求由 2. 5% 调整为 1. 5% ~2. 5% 。一方面，计提贷款损失准备形成的资金能够形成风险缓冲，降低银行损失和风险承担水平。另一方面，计提贷款损失准备较多时往往表示银行向外界释放了银行经营状况良好和风险承担水平较低的信号。因此，贷款损失准备可以作为风险承担的代理变量，且贷款损失准备越高，银行风险承担水平越低。

（二）计提的理论基础

商业银行从事的主要业务活动包括吸收存款和发放贷款，这种业务属性导致其可能产生高负债的特点。因此，一旦商业银行出现风险，将会造成极大的破坏，甚至是灾难性的破坏。商业银行风险管理理论将可能发生的损失分为预期损失、非预期损失和灾难性损失。不同损失发生的概率与带来的后果呈负相关关系，其中预期损失发生的概率最大，但是带来的损失后果最小；非预期损失发生的概率次之，带来的损失后果也处于中间水平；灾难性损失发生的概率最小，但会带来系统性风险，可能会导致商业银行倒闭，甚至会波及整个金融系统。因此，灾难性损失即使只有不到 1% 的概率会发生，也依然要进行严格的风险管理。一方面，要做好前期预防措施，避免其发生；另一方面，要做好后续防范措施，进行有效应对。与资本相比，贷款损失准备的主要作用是应对潜在的预期损失。而当计提不足时，会导致吸收预期损失的能力下降，降低资本充足率监管的能力。当风险来临时，银行会显得十分脆弱，甚至只是在经济下行阶段，缓冲作用都得不到很好的发挥，进而导致银行系统不能很好地应对风险。

（三）计提方法

贷款损失准备是商业银行风险管理的重要手段，其计提方法的选择会对商业银行的资本及盈余产生影响，进而对商业银行风险管理产生更为重要的影响。贷款损失准备计提方法主要包括已发生损失模型和预期损失模型。

2017 年及以前，商业银行采用的贷款损失准备计提方法主要是已发生损失模型，该模型依据的是现有金融资产已经发生的损失。其中，贷款是商业银行的金融资产，已发生的损失是指未来流量的现值和摊余成本的差额（高赛，2014）。2008 年全球金融危机爆发时，该模型的一些问题暴露出来，一方面显现出严重的、明显的顺周期性和滞后性，银行根据已发生损失模型进行计提导致其对经济周期的转变反应不足。具体表现为：在经济上行期，经济繁荣，坏账低，计提减少；当经济衰退时，产生大量的坏账，此时需要多计提，但是此时经营的困境致使银行无力计提，这种滞后性会进一步加大顺周期性。另一方面，银行对贷款损失准备认定和评估的主观性强，可能存在操纵行为（王世军等，2018）。同一损失可能在不同的银行间有不同的表现，这也降低了会计信息的可比性。

2017 年，财政部修订了会计准则，更新了贷款损失准备的计提方式方法。这次修订使计提的模型由已发生损失模型转变为预期损失模型。不同于已发生损失模型，预期损失模型在运用上更加注重“前瞻性”，更加关注尚未被识别的风险，这种风险的影响和发生概率也是不确定的。丁友刚和王彬彬（2017）将这种风险称为“未知的未知”风险，而预期损失模型就是来计量该风险的。同时，预期损失模型更加注重解决顺周期性问题。主要表现为在经济上行、出现坏账概率小的时期，在经济衰退、出现坏账增多的时期都可以用来缓冲损失，这样既能缓解经济繁荣时期的信贷扩张，又能缓解经济衰退时期带来的坏账准备增多，可以较为有效地抑制贷款损失准备的顺周期性。基本分析思路如下。

假设贷款的摊余成本为AC，i既是实际利率又是折现率，未来n期的现金流为C_1，C_2，…，C_n，则贷款的摊余成本为：

$$AC = \sum_{k=1}^{n} \frac{C_k}{(1+i)^k} \tag{3.1}$$

此时，需要对该贷款的现金流C_k的数额和时间进行估算，除了预期现金流为正的情况，还应包括预期现金流为负的情况，如何准确合理地估算预期现金流是本模型的关键。减值损失可估算为：

$$IL = CV - AC = CV - \sum_{k=1}^{n} \frac{C_k}{(1+i)^k} \tag{3.2}$$

二、动态贷款损失准备制度

政策研究人员采取一种动态的贷款损失准备计提制度，以减轻贷款损失准备计提的顺周期性。2011年，中国银监会提出了动态调整贷款损失准备制度，具有较强的前瞻性，并且可操作性极强，这也意味着从另一个方面加强了审慎监管。动态贷款损失准备制度要求商业银行在经济上行时多计提，给予商业银行一个“缓冲”；在经济下行时少计提，以防危机时期银行发生大规模破产。该制度设置的目的是增强商业银行的稳健性，在经济好的时候多计提一些“准备”，那么在危机来临时银行可以利用累积的准备金来缓解大量增多的贷款损失（Balla and McKenna，2009）。但是，这一机制同样存在问题，卡纳加雷特南等（Kanagaretnam et al.，2004）与科恩等（Cohen et al.，2014）均认为，机会主义者可以利用这种赋予商业银行的缓冲进行盈余平滑。如果经济衰退持续时间较长，动态贷款损失准备制度的作用将会变得很小。比克和梅茨梅克（Bikker and Metzemaker，2005）则认为，GDP增长和贷款损失准备金之间存在较强的负相关关系，当经济繁荣时，贷款损失准备金减少。只有在从衰退到经济繁荣的循环交替转变中动态贷款损失准备金才会有效，反之亦然，而决策者很难捕捉到这一转变。

西班牙在动态贷款损失准备制度方面起步最早，经验较为丰富。该制度使得其在2008年的经济危机中表现良好。我国在经过实施动态拨备制度的可行性分析之后，借鉴国外先进经验，不断地监管和实践，于2011年7

月这个时间节点确定了动态贷款损失准备制度的实施。以西班牙为例，计提体系以及数理公式整体如下。

（1）一般准备：

$$GF_t = \sum_{i=1}^{n} g_i i L_t = L_t \sum_{i=1}^{n} ig_i \tag{3.3}$$

其中，GF_t代表 t 年的一般准备余额，g_i代表某个行业的一般准备参数（如 A 行业贷款 $g_A = 0.5\%$），i 代表该行业的总贷款占该银行贷款总额的比率，L_t代表 t 年的贷款总额。

假设每年各行业贷款占总贷款的比例不变，则每年计提的一般准备为：

$$GP_t = \sum_{i=1}^{n} g_i i \Delta L_t = \Delta L_t \sum_{i=1}^{n} ig_i \tag{3.4}$$

其中，ΔL_t表示贷款总额的变化额。

（2）专项准备：

$$SF_t = eM_t \tag{3.5}$$

其中，SF_t代表专项准备余额，M_t代表 t 年的不良贷款，e 是一个比例，西班牙要求不低于 10%，不高于 100%，具体提取比例由商业银行自行决定，反映的是实际损失比率，则每年计提的专项准备为：

$$SF_t = e\Delta M_t \tag{3.6}$$

其中，ΔM_t代表 t 年的不良贷款变化额。

（3）动态准备：

$$Lr_t = sL_t \tag{3.7}$$

其中，Lr_t代表潜在损失，s 代表历史长期平均损失率，根据长期历史数据计算得到。则动态准备余额为：

$$StP_t = Lr_t - SP_t \tag{3.8}$$

若潜在损失Lr_t大于专项储备 SP_t，则计提动态贷款拨备；若潜在损失Lr_t大于专项储备 SP_t，则消耗动态贷款拨备。t 年的动态拨备余额为：

$$StF_t = StP_t + StP_{t-1} \tag{3.9}$$

其中，要求 $0 \leqslant StF_t \leqslant 3Lr_t$。

因此，可推出每年计提的贷款拨备合计为：

$$AP_t = GP_t + SP_t + StP_t = \Delta L_t \sum_{i=1}^{n} ig_i + SP_t + (LR_t - SP_t) = \Delta L_t \sum_{i=1}^{n} ig_i + LR_t \tag{3.10}$$

动态贷款损失准备制度具备操作性强、灵活性大的优势，要求银行管理者在经济上行时期对可能发生的风险进行评估；在计提时充分考虑下个期间即经济衰退时期可能会造成的负面冲击（许友传等，2011），这样虽然不能完全解决顺周期性带来的信贷过度扩张等问题，但是能够降低扩张程度，从而使得该制度在国内商业银行间更好地推广和施行。

三、宏观审慎监管与商业银行计提贷款损失准备

银行监管者通常希望商业银行能够对贷款损失准备进行前瞻性计提。奥斯玛等（Osma et al.，2019）对欧洲17个国家125家商业银行建立面板数据，研究审慎监管者的独立性对商业银行盈余平滑的影响，研究发现，审慎监管机构越独立，监管力越强，商业银行越容易对盈余进行平滑。郭沛廷（2017）另辟蹊径从银行的视角出发，再次证实了顺周期性，通过构建银行独立性指标发现独立性的强弱会影响到周期性。奥尔萨克等（Olszak et al.，2018）使用来自65个国家的银行数据，分析了各种宏观审慎政策工具在减少贷款损失准备金顺周期性方面的有效性，发现借款人限制、动态准备金、大风险集中度限制和特定资产税收可以有效降低贷款损失准备金的顺周期性。申宇等（2019）选取了经济政策不确定性指标，发现不确定性与贷款损失准备计提间的正相关性；而经济政策涵盖较多，不仅包含财政政策，还包含货币政策，这也从侧面验证了货币政策会对商业银行计提贷款损失准备造成影响；此外，研究还发现了贷款损失准备对银行风险承担的积极作用。事实上，无论是独立性还是经济政策的不确定性，最终都体现在监管者所实施的监管和调控上。在我国，国家金融监督管理总局的监管侧重于微观层面，即微观审慎监管，对个体行为进行干预以防止单个银行破产。而我国央行下设宏观审慎局，负责对整个银行系统进行系统性的监管，即宏观审慎监管。近年来，我国央行形成了以宏观审慎和货币政策为主导的双支柱金融调控体系，对银行风险进行防控并且支持实体经济发展。因此，宏观审慎监管和货币政策调控作为我国两大审慎监管者的最主要行为，理论上与贷款损失准备的计提存在相关性。

宏观审慎监管政策的目标倾向于宏观网络，侧重于关注银行间的系统

性风险传染，在时间维度上更加注重逆周期调节。动态贷款损失准备作为宏观审慎工具之一，要求商业银行在经济上行时多计提贷款损失准备，给予商业银行一定“缓冲”，当经济下行时少计提，以防危机时期银行发生大规模破产。由动态贷款损失准备制度的公式可以得出当专项储备 SP_t 处于低值时，会多计提一些贷款损失准备；当专项储备 SP_t 较高时，则不会再多计提，反而会消耗贷款损失准备。除此之外，拉文和马尔诺尼（Laeven and Majnoni，2003）认为，赋予商业银行的缓冲可以被机会主义者用来进行盈余平滑。坎图等（Cantú et al.，2020）认为，央行从宏观视角进行研判，往往希望宏观审慎政策的实施能够使商业银行进行前瞻性地多计提贷款损失准备，以保持商业银行的稳健性。蒋涛（2019）认为，一些宏观审慎工具会增加借款企业的贷款额度以及提高贷款利率，这也会导致商业银行多计提。安佳新（2021）研究发现，央行使用的宏观审慎工具会使商业银行前瞻性地多计提贷款损失准备，以保证银行系统的稳健运行。

综上所述，本章认为，实施宏观审慎政策能够使商业银行多计提贷款损失准备，宏观审慎管理能力的加强会降低银行的风险承担。

第四节　小结

本章首先将宏观审慎政策工具划分为资本类工具、资产类工具和流动性工具三种，分别介绍其基本概念和类型，其次剖析三种宏观审慎政策工具对银行风险承担的影响机制，最后将贷款损失准备作为衡量银行风险承担的重要指标，对贷款损失准备计提方法和动态贷款损失准备的相关理论进行深入探讨，通过理论分析发现，宏观审慎工具的使用会导致商业银行多计提贷款损失准备，宏观审慎政策能够有效降低银行风险承担。接下来，将把货币政策和宏观审慎政策纳入同一分析框架下，探究双支柱调控框架对银行风险承担的影响及作用机制。

第四章　双支柱调控对银行风险承担影响的理论研究

本章首先介绍双支柱调控框架的目标及提出背景，分析双支柱调控框架的必要性和有效性；其次梳理双支柱调控对银行风险承担的影响机制，并阐述不同经济周期和杠杆水平下双支柱政策的具体调控；再次分析宏观审慎政策通过有效缓解逐利效应来减轻货币政策对商业银行风险承担的作用机制；最后论述影子银行在双支柱调控银行风险承担水平中的作用机制。

第一节　双支柱调控的目标、背景与内在逻辑

一、双支柱调控的目标

2008 年金融危机之前，全球经济经历了 20 余年的稳步快速增长，在此期间金融稳定与可持续性被忽视。但随着金融危机的爆发，可持续性金融与金融稳定的重要性凸显出来。截至目前，金融稳定还没有一个公认的定义，一些学者直接用金融稳定的特征来描述其内涵，而另一些学者则从反面即金融不稳定对金融稳定进行定义。一般来说，金融稳定应满足以下特征：第一，货币价值和功能稳定；第二，资产价格不会发生剧烈变化；第三，金融机构和金融市场正常运行，资源配置高效；第四，金融体系能够承受冲击，防止对实体经济产生不利影响。金融可持续性建立在遵循金融发展客观规律的前提下，使金融资源得到合理高效的分配，并长期保持金融和实体经济的发展稳定。金融稳定与金融可持续性是两个不同的概念，

但两者之间存在密切的联系。第一，金融稳定是可持续发展的必要前提。只有金融稳定，金融体系才能充分发挥其在跨期资源配置中的作用，促进金融和经济可持续发展。第二，金融可持续是金融稳定的重要基础。金融服务效率不断提高，金融服务与实体经济融合能力不断增强，金融市场抗风险能力不断增强，都有效地促进了金融稳定。因此，本章将金融稳定和金融可持续发展作为一个整体，共同作为货币政策和宏观审慎政策协调的目标。

二、双支柱调控的提出背景

2008 年金融危机之前，以价格稳定为目标的传统货币政策一度被认为是完美的，事实上，它只关注通货膨胀，忽视了资产价格和金融稳定、资产价格泡沫破裂后的补救等问题。以微观审慎为核心的传统金融监管政策认为，个体金融机构的安全稳定代表了金融体系整体的安全稳定。但此次金融危机暴露出的金融顺周期性和系统性风险表明，以货币政策来控制通胀和以微观审慎形成的监管框架存在诸多缺陷。2008 年金融危机之后，影响国际金融体系的关键政策——双支柱政策开始逐渐进入公众视野。双支柱政策由宏观审慎政策和货币政策共同组成。双支柱调控则为将宏观审慎政策与货币政策相配合对宏观经济进行调控，以达到弥补货币政策缺陷，提高金融监管效率，维持金融体系稳定性的目的。2009 年，国际清算银行（BIS）对宏观审慎政策进行了界定，并指出央行适合使用宏观审慎政策来处理顺周期性、监管不足等问题，进而加强国际交流，推动全球的宏观审慎监管合作。2010 年，G20 峰会提出的《巴塞尔协议Ⅲ》要求加强跨周期和跨系统监管的宏观审慎政策实施。2016 年，国际货币基金组织（IMF）、国际清算银行（BIS）和金融稳定理事会（FSB）正式在《有效宏观审慎政策要素：国家经验与教训》中定义了宏观审慎政策，并从空间维度和时间维度两个方面提出宏观审慎政策的目标。

我国金融监管在逐步加强。2009 年 3 月，正式加入巴塞尔委员会。2010 年，提出要构建逆周期的宏观审慎管理制度框架。2011 年，我国正式启动了合意贷款管理机制和差别准备金动态调整机制。2016 年，正式建立了宏观审慎评估体系（MPA），以资本充足率作为整个体系的核心。2016 年 5 月，扩大了宏观审慎监管的覆盖面，由单一的全口径的跨境融资增扩为全国范围内的企业和金融机构。2017 年，党的十九大报告正式提出了双支柱调控体系。2020 年，双支柱调控框架被正式纳入《中国人民银行法》。2021 年，我国央行出台了《宏观审慎政策指引（试行）》，进一步完善了宏观审慎政策的相关内容。

三、双支柱调控的内在逻辑

（一）双支柱调控的必要性

2008 年国际金融危机导致全球经济进入深度调整，其产生的严重后果使得人们开始对传统的金融宏观调控框架，特别是对传统货币政策调控框架进行了全面深刻的反思。危机前，货币政策框架主要关注价格稳定，并通过有效控制通货膨胀来维护宏观经济的平稳运行，而维护金融体系稳定则主要依靠微观审慎监管，价格稳定是金融稳定的前提和基础。危机后，人们对“价格稳定与金融稳定等同”的认知被打破，旧有政策框架的缺陷暴露无遗，从而凸显出双支柱调控框架构建的必要性。

原有的政策框架存在许多不足之处。首先，监管机构注重管理单个金融机构的风险，而忽视整个金融系统的稳定。其次，国家调控目标相互冲突。旧有的货币政策以稳定币值为目标，但未能达到稳定房地产和资产价格的目标。扩张性的货币政策在抑制通货紧缩的同时，也使房地产价格和金融资产价格不稳定，一路上涨，金融市场产生泡沫，风险爆发。紧缩型的货币政策在抑制通货膨胀的同时，货币供给量减少，企业融资渠道收窄，商业银行通过开展影子银行等高风险业务增加利润的意愿变强，进而促使金融市场的风险增加。最后，政府缺乏对顺周期行为的监管政策。原有的货币政策和微观审慎政策缺乏逆周期调节机制，不能有效约束金融市场的顺周期行为。除此之外，我国商业银行的表外业务具有一定的隐蔽性，存在很大风险，而我国的监管部门缺乏有效管理商业银行表外业务的相关披露机制。

综上所述，在实现金融稳定目标方面，旧有政策存在诸多局限与不足之处，因此，在反思金融危机教训的同时，各国监管当局应充分认识到宏观审慎政策在防范化解顺周期、跨资本等金融风险时所发挥的重要作用，并在此基础上建立"宏观审慎政策＋货币政策"的双支柱调控框架，运用货币政策来实现价格稳定的目标，运用宏观审慎政策来实现金融稳定的目标，从整体上防控和化解系统性金融风险，进而实现金融市场的稳定安全发展，实现国家经济的高效稳步增长。

（二）双支柱调控的有效性

诸多研究表明，双支柱政策的发展能够有效改善金融风险环境，促进金融稳定，提高社会福利水平。学者们构建 DSGE 模型、系统 GMM 模型、门槛模型等，或对泰勒规则进行扩展，考虑宏观审慎政策和货币政策在配合使用时发生的冲突、叠加等效应，结果发现在整个周期下冲突效应不强，能够减少宏观经济波动，使社会福利损失最小。部分学者也研究了双支柱政策的实施对国与国之间的效用即跨国效应，发现当各国之间达成政策协议时，能更加促进国际的金融发展，实现国际互惠。因此，双支柱调控能够有效地促进金融稳定，实现经济高效发展，改善社会福利水平。

第二节　双支柱调控对银行风险承担影响的理论机制

一、双支柱调控对银行风险承担的影响

2007 年爆发的美国次贷危机，是由于长期宽松的货币政策所致。面临低利率的环境和高利润的回报，涉及次级贷款业务的公司（如北岩银行）在资本逐利的驱使下将大量资金借给低资质客户，当市场利率上升，借款者还款压力增加，违约风险增加，进而催生了巨大的资产价格泡沫，同时，银行间的风险相互传导并放大，最终蔓延为全球性金融危机。危机的爆发凸显出货币政策对整个金融体系调控的局限性，因此，金融市场需要引入宏观审慎政策进行调控，进而维护金融系统的稳定。在宽松货币政策的刺激下，商业银行接受外部资金的意愿较强，这种情况下，银行可能会降低

信用审核，最终增加了整体的经营风险，导致系统性风险上升。在应对这类风险时，宏观审慎政策是货币政策最好的补充机制，能够维护金融系统的稳定。

在低通胀和高资产价格时期，若央行采取紧缩型货币政策来维持金融稳定，可能会增加信贷成本，降低信贷需求，通胀也会进一步下降。如果通货膨胀率低于长期通货膨胀目标，央行稳定物价手段的可信度将会受到影响。相反，如果采取宽松的货币政策来刺激通货膨胀，可能会增加金融机构的信贷增长等冒险行为，最终导致资产价格上涨。此时，运用逆周期的宏观审慎政策抑制资产价格增长、降低金融风险、维护金融稳定就至关重要。当引入宏观审慎政策后，不仅会使银行风险承担水平直接降低，而且会改变货币政策对银行风险承担的影响。如果央行采取宽松货币政策，那么银行抵押品和资产价值会变高，从而将增加银行风险承担水平。在此情况下，引入动态拨备制度等宏观审慎政策手段，就可以提高银行抵御风险的能力。在实施紧缩型货币政策时，通过资本、流动性、信贷等方面的宏观审慎政策可以对银行形成一种保障，进而使银行不会因为货币政策紧缩而降低其自身的风险承担水平。

同时，国内宏观审慎政策可以抵消国外货币政策的溢出效应。国际货币基金组织指出，为了应对21世纪前几年大量的资本投入新兴市场，宏观经济政策需要被审慎监管（Arora et al.，2013）。例如，巴西对某些类型的资本流入征税，印度尼西亚对央行债券购买权的限制以及韩国对银行衍生品头寸实施杠杆上限。当本国实施紧缩型货币政策时，资金来源较少的小银行可能会减少放贷。宏观审慎政策可以通过直接放宽这些银行的其他资金来源或者鼓励其他银行放贷等途径，来削弱这种影响。对于具有国际影响力的大银行，国内宏观审慎政策通过阻止跨境批量融资或者抑制国内小银行的放贷来削弱信贷扩张，使商业银行风险承担水平降低。

但是，宏观审慎政策可能存在部分缺陷。例如，宏观审慎政策的实施会增加银行的成本（缴纳保险费、进行风险压力测试的费用等）；宏观审慎政策的实施可能会存在时滞效应，进而不能及时对宏观经济进行有效调控等。在这些情况下，对于产出缺口、通胀偏差等方面，货币政策能够及时做出反应，通过对金融市场进行干预来弥补宏观审慎政策的不足。例如，逆周期的宏观审慎政策单独使用可能会对通胀造成下行压力，货币政策能够对此进行适当调整。同时，货币政策在一定程度上具有宏观审慎政策不可替代的职能，即使货币政策存在效率低下、产生资产泡沫等缺点，也依然不会被其他政策所取代，这也说明宏观审慎政策需要重点关注自身政策的效用。

接下来，本章将以资本充足率和杠杆率作为宏观审慎政策的代表性工具，分别探讨它们与宽松的货币政策搭配后对银行风险承担的影响。紧缩型货币政策影响在这里不做赘述。

（一）货币政策与资本充足率对银行风险承担的影响作用

资本充足率反映银行的资本充足程度，它可以在银行面临较大风险时发挥缓冲功能，其所体现的是银行承担损失的能力。根据监管部门的资本充足率要求，从银行整体的权益资本分布来看，银行会通过多种渠道主动补充资本金，存在资本缺口的银行也会在监管部门的引导下提高自身资本水平，进而使银行的风险承担水平降低。

当实施宽松货币政策时，银行信贷扩张，银行市场竞争加剧，此时银行将放低信贷标准来抢占市场份额，最终导致银行风险承担水平增加。在这种情况下，监管当局将调整银行的最低资本要求，资本监管的收紧使银行选择杠杆率较低、资产风险水平较低的业务，进而降低银行的违约风险。

（二）货币政策与杠杆率对银行风险承担的影响作用

杠杆率作为资本监管的补充手段，是2008年金融危机后新设的监管指标，也是宏观审慎政策重要的工具之一，能够减少资本套利空间，控制银行资产负债表的过快增长。杠杆率监管是维持银行资产规模和投资决策的必要条件。当监管当局适度增加杠杆率上限，对银行的约束力度最大时，能够显著降低银行的违约概率和杠杆率水平，降低银行的风险资产规模，提高银行的稳健性，进而有效抑制银行过度承担风险。

当实施宽松货币政策时，银行等金融机构资产规模扩大，资产价格上升，杠杆率下降。但由于金融机构的杠杆率具有顺周期性特征，资产规模扩大后，金融机构的杠杆率将随之扩大，进而导致金融机构风险加剧。在这种情况下，监管机构将收紧宏观审慎政策，以弥补因货币政策宽松所导致的银行风险承担水平上升。

综上所述，货币政策可以通过货币政策工具来达到价格稳定和保持经济增长的目标；宏观审慎政策可以降低金融机构的风险承担、降低市场的系统性风险，从而调控金融体系，维护金融稳定。只有在宏观审慎政策和货币政策的协同作用下，两者相互补充、相辅相成，才能从根本上提高金融调控的有效性，维护金融体系稳定，推进我国经济平稳健康发展。

二、经济周期异质性下双支柱政策的影响效果

1929 年美国大萧条、1973 年第一次石油危机、1987 年全球股灾、1997 年亚洲金融危机、2007 年美国次贷危机等，都对经济社会产生了巨大影响。此类危机发生的重要原因之一就是，政府制定的货币政策和监管政策并不适合当时的经济发展现状。在 1929 年美国大萧条和 2007 年美国次贷危机爆发初期，政府实行紧缩的货币政策并没有实现预期经济目标，反而加重了系统性风险。因此，将经济发展情况、杠杆水平与宏观经济政策一同考虑是极为重要的。这里将经济发展分为经济高涨和经济低迷，杠杆水平分为低杠杆和高杠杆。一方面，当经济处于高涨状态、通胀压力较大时，采取紧缩型货币政策；当经济处于低迷状态、通缩压力较大时，则采用宽松型货币政策。另一方面，高杠杆时，风险较高，政府需要加强风险监管；低杠杆时，风险较低，政府需要适度监管。本章结合我国近年来经济发展现状总结出四个情境，以此探讨双支柱政策在不同经济周期下的具体运用。

情境（1）：经济上行期 + 高杠杆。

2008 年全球金融危机期间，经济刺激方案使我国经济逐渐恢复到了正常水平，但保证经济平稳运行的同时，也带来了信贷规模急剧扩张、杠杆率不断上升的问题。在这一情况下，央行及时调整政策，实施紧缩的货币政策，但是却依然未能有效遏制杠杆率的增长。此时，可以通过加强宏观审慎监管来抑制高杠杆。因此，在“经济上行期 + 高杠杆”的情况下，可以将紧缩型货币政策与适度从紧的宏观审慎政策协同作用，加强政府监管，从而有效降低商业银行的风险承担，使经济回归正轨。

情境（2）：经济下行期+低杠杆。

2017年以后，我国推进一系列经济改革措施：供给侧结构性改革，整顿地方政府隐形债务，市场化债转股，加强金融监管，大幅降低影子银行业务规模，逐步完善金融市场，使我国宏观杠杆率上升势头明显放缓。2018年末，我国宏观杠杆率总水平比2017年末下降1.5个百分点。与此同时，世界经济复苏乏力，经济形势错综复杂，国际贸易额下降，我国GDP增速回落，经济处于下行压力较大状态。在处于类似这种经济下行的压力下，可以采取宽松货币政策来刺激经济，同时加以适度宽松的宏观审慎政策配合来促使银行加杠杆，促进银行信用扩张，进而提高银行抵御风险的能力，助力经济走出低迷状态。因此，在“经济下行期+低杠杆”的情况下，通过宽松的货币政策和适度从松的宏观审慎政策协调配合，才能在减小商业银行风险承担的同时实现经济平稳发展。

情境（3）：经济下行期+高杠杆。

2020年，受新冠疫情的影响，我国经济增速放缓，杠杆同时有所增高。在这种情况下，可以实施宽松型货币政策来刺激经济，但同时可能降低商业银行信贷标准，加大风险敞口，进一步增加商业银行的风险承担水平。从防范风险的角度来说，可以实施适度从紧的宏观审慎监管来降低杠杆水平，还可以抵消部分货币政策对信贷投放的刺激，进而提高商业银行的抗风险能力。因此，在“经济下行期+高杠杆”的情况下，通过宽松的货币政策与适度从紧的宏观审慎政策协同作用，才可能使商业银行的风险承担降低，使经济在安全红线内回归正轨。

情境（4）：经济上行期+低杠杆。

2021年，我国疫情防控取得较大进展，企业有序复工复产，经济运行逐步稳定恢复。我国宏观杠杆率全年下降6.3个百分点，其中，非金融企业杠杆率大幅下降，这主要是因为企业投资意愿不强，对未来预期较为悲观，融资需求较低，而经济复苏使企业整体盈利增长，从而使企业杠杆率在一定程度上有所下降。与此同时，我国经济高涨，率先实现经济增长，经济增速高达8.1%。这种情况下，可以实施紧缩型货币政策，提高市场利率水平以使经济降温，同时，实施宏观审慎政策使杠杆提高至合理区间范围内，促使信贷投放能够帮助真正有需求的企业。因此，在“经济上行期+低杠杆”的情况下，通过紧缩型货币政策与适度宽松的宏观审慎政策协调配合，才能在保持风险地位的情况下，保障经济平稳运行。

表 4.1　　　　不同经济情境下的影响效果

情境	情境（1） 经济上行期 + 高杠杆	情境（2） 经济下行期 + 低杠杆	情境（3） 经济下行期 + 高杠杆	情境（4） 经济上行期 + 低杠杆
对策	紧缩型货币政策 + 适度紧缩型宏观审慎政策	宽松型货币政策 + 适度宽松型宏观审慎政策	宽松型货币政策 + 适度紧缩型宏观审慎政策	紧缩型货币政策 + 适度宽松型宏观审慎政策

三、“逐利效应”作用途径

商业银行的预期盈利不会随着贷款利率的变化而快速变化。当商业银行目标收益率与市场收益率不一致时，银行为了赢得信誉需要对客户收益率作出承诺，因而会开展更多的高风险业务，进而提高了自身的风险承担水平。诸如当央行采取宽松的货币政策（包括增加基础货币数量、降低市场利率等方式）后，会导致商业银行贷款利率下降，进而特许权价值下降，由于银行对目标收益率的“黏性”特征，致使商业银行会更倾向于高风险的投资业务，从而提高了商业银行的风险承担水平。这就是货币政策的逐利效应。

宏观审慎政策可以降低货币政策的逐利能力。一方面，宏观审慎政策能够促使商业银行注重自身风险管理水平的提升，增强银行的盈利能力，从而降低银行的逐利动机。另一方面，为了能够达到监管部门的监管标准，商业银行会自觉地将原本用于风险投资项目的资金转而用于监管部门，进而降低逐利效应。

接下来，本章将以宏观审慎政策工具箱中的净稳定融资比率（NSFR）为例来说明逐利效应的作用途径，净稳定融资比率的公式如下。

$$\text{净稳定融资比率} = \frac{\text{可用稳定资金}}{\text{所需稳定资金}} \times 100\% = \frac{\text{股权和债权项目} \times \text{折算系数}}{\text{资产项目} \times \text{折算系数}} \tag{4.1}$$

净稳定融资比率作为宏观审慎政策的流动性监管指标之一，能够有效地控制银行长期的流动性风险，降低银行因货币政策带来的逐利行为。一方面，净稳定融资比率本质上反映了银行资产负债表的流动性，当银行净稳定融资比率减小时，银行流动性下降，偿付能力减弱，从而将面临更高的破产可能性。另一方面，根据《巴塞尔协议Ⅲ》，净稳定融资比率的测算是由资产和负债项目折算而来的，分母项资产项目流动性越大，折算权重越低；分子项债权、股权稳定性越好，折算权重越高。其中，为了使银行符合净稳定融资比率大于1的监管标准，对于一些流动性差、风险高的项目将赋予更高的折算权重。因此，为了满足自身流动性监管的要求，即使在宽松的货币政策下，商业银行也不会以“不达标”为代价去增加高风险投资业务，从而减少银行因货币政策宽松带来的逐利行为，进而降低银行的风险承担水平。

因此，本章提出宏观审慎政策可以通过有效降低商业银行的逐利效应，进而减轻货币政策对商业银行风险承担水平影响的假设。

第三节　双支柱调控、影子银行与风险承担水平

影子银行是银行系统性风险的重要来源之一。当前，影子银行已成长为中国融资体系中的重要一环，其主要特点就是以“银行”为中心，表现为“银行的影子”。影子银行在拓宽融资渠道、促进实体经济发展的同时，也会因其多层嵌套、杠杆叠加、期限错配、资金流向不明等因素给宏观经济带来风险隐患。而双支柱调控政策是维护金融稳定、防范系统性风险的首要政策，因此，从影子银行的视角研究双支柱调控对银行风险承担水平的影响具有重要意义。

一、双支柱调控与影子银行

这里先分别分析货币政策、宏观审慎政策对影子银行的影响，然后进一步探讨双支柱调控体系对影子银行的影响。

货币政策对影子银行的影响渠道如下。当央行实施紧缩型货币政策时，融资成本提高，商业银行将提高贷款资质的审核标准，中小微企业因融资成本增加只能通过影子银行等外部融资渠道获取资金。与此同时，企业经营风险增加，商业银行因坏账风险压力和盈利性需求会提高贷款门槛和标准，银行传统业务规模收缩，在逐利机制作用的推动下，商业银行趋向于开展影子银行业务来满足经营需求，进而扩大影子银行规模。当央行实施宽松型货币政策时，融资成本变低，市场利率下降，这将使影子银行贷款增加，同时商业银行将拥有更多流动性资金来从事影子银行业务，进而导致影子银行规模扩大。

宏观审慎政策对影子银行的影响渠道如下。宏观审慎政策通过信贷渠道和资本渠道来影响商业银行信贷条件和信贷流动性，进而对商业银行资产规模产生影响，并最终对影子银行产生影响。信贷渠道方面，当实施宏观审慎政策时，商业银行信贷标准提高，信贷流动性减弱，企业融资成本提高，此时非银行信贷就会发挥替代作用，助长影子银行规模的扩大。另外，由于监管存在不对称性，当银行等金融机构受到严格监管时，有大量非正规资金游离于监管体系之外，从而促进了信托贷款等影子银行规模的扩大。资本渠道方面，当实施宏观审慎政策时，央行将提高资本充足率等资本类工具，加强对金融机构的资本监管，此时银行短期内将难以补充资本达到标准，股东在减少损失的激励下会在一定程度上收缩影子银行的规模，这表明，由于存在风险规避机制，宏观审慎政策对影子银行业务具有抑制作用。

双支柱调控政策对影子银行的影响效果更为明显。现有研究（佟梦华等，2022；严佳佳和吴必源，2020；王道平等，2022）表明，双支柱调控能够减小影子银行的规模。如果央行实施紧缩型货币政策，影子银行往往会调高抵押率来降低企业融资成本，企业通过开展影子银行业务进行资金融通，从而使影子银行规模增大。此时，宏观审慎政策通过提高商业银行的资本充足率和贷款价值比，能够有效缓解紧缩型货币政策造成的贷款规模紧缩，从而避免影子银行规模过分扩张。如果央行实施宽松的货币政策，商业银行流动性充足，可能会把更多资金投资于影子银行业务中，导致影子银行规模扩大。然而，宏观审慎政策能促使商业银行资产与信贷规模收缩，抑制影子银行的进一步扩大。由此可知，单一的政策对影子银行的调控存在局限性，而宏观审慎政策与货币政策协调配合能够弥补这一缺陷，政策叠加使用对影子银行的调控效应更加明显。

二、影子银行与银行风险承担水平

影子银行规模扩张会使银行的风险承担水平提高。一方面，目前我国监管部门对影子银行的监管还不够成熟，影子银行的信息披露不透明、监管缺失会促使商业银行将部分受政策限制的信贷业务转移到影子银行相关业务，商业银行可以通过影子银行业务规避金融监管，进而放大杠杆，增加金融体系的脆弱性；影子银行通过各种渠道进行资金融通，与其他金融机构之间的业务往来增多，关联程度不断加深，同时也会加剧金融体系的风险传染性。因此，一旦影子银行业务引发局部风险，会迅速传导至商业银行等金融机构，使得银行风险承担增大，甚至会跨市场传染，波及整个金融体系。另一方面，由于银行之间存在竞争，且银行发行的理财产品期限普遍较短，而我国的影子银行体系主要通过以商业银行为主体开展同业业务，筹措短期资金，因此，为获取高额利润，商业银行会将筹集的资金投向非标资产等长期项目中，从而可能导致期限错配，带来流动性风险。影子银行规模扩张，商业银行会提高风险偏好，增加风险资产所占比重，银行信用风险增大，这些都会提高商业银行的风险承担。

综上所述，双支柱调控通过影子银行对风险承担水平产生的影响路径是极为复杂的，有必要进一步深入论证，因此，接下来本书将在第八章对此问题进行详尽的实证分析。

第四节　小结

本章首先阐述了双支柱调控政策的目标、背景与内在逻辑；其次分析了双支柱调控对银行风险承担影响的理论机制，选取资本充足率与杠杆率两种宏观审慎政策指标，分别与货币政策叠加后分析政策组合对银行风险承担的影响，发现双支柱调控能够降低银行的风险承担水平；再次从不同的经济周期视角下分析双支柱政策的影响效果，进一步分析宏观审慎政策通过有效缓解逐利效应来减轻货币政策对商业银行风险承担的作用机制；最后从影子银行的视角理论剖析双支柱调控对银行风险承担水平的影响路径，为后面第七章和第八章的实证研究提供理论支撑。

第五章　货币政策对银行风险承担影响的实证检验

第二章对货币政策的风险承担渠道进行了理论剖析，本章将在理论剖析的基础上结合我国商业银行数据进行实证检验。实际上，不仅是货币政策，宏观环境、银行特征变量等都会对银行风险承担产生影响，很多情况下影响机制也是多方面的。显然，在不同情况、不同条件下，这种传导机制会发生不同的变化。对我国当下的金融市场而言，货币政策究竟是否会影响银行风险承担水平？如果有影响，其传导渠道是什么？本章将选取我国 280 家有代表性的商业银行 2007 ~ 2020 年的年度数据来剖析货币政策对银行风险承担的传导机制。

第一节　模型构建、变量选取与数据来源

一、模型构建

本章选取了我国 280 家商业银行 2007 ~ 2020 年的年度面板数据，采用系统 GMM 动态面板回归模型。根据前面的论述，建立模型如下：

$$ZSCORE_{i,t} = \beta_1 \times ZSCORE_{i,t-1} + \beta_2 \times M2_t + \beta_3 \times RRR_t + \beta_4 \times SHIBOR_t + \beta_5 \times COM_{it} + \beta_6 \times CAR_{it} + \beta_7 \times SIZE_{it} + \beta_8 \times GDP_t + \beta_9 \times CAR_{it} + \mu_{it} \quad (5.1)$$

其中，β_i 为估计参数，μ_{it} 为随机扰动项，$ZSCORE_{i,t-1}$ 为上一期的被解释变量。

二、变量选取

（一）银行风险承担

本章的被解释变量为银行风险承担水平。衡量银行风险承担水平的变量有很多，主要有风险加权资产比率、Z 值、预期违约概率、不良贷款率等。鉴于我国银行业发展现状以及数据的可得性和众多代理变量的代表性，这里使用 Z 值（Z - SCORE）作为被解释变量。其计算公式为：

$$Z = \frac{ROA_{it} + K_{it}/A_{it}}{\sigma\ (ROA_{it})} \tag{5.2}$$

其中，ROA_{it}是在 t 年 i 银行的总资产收益率，$\sigma\ (ROA_{it})$ 是在 t 年 i 银行总资产收益率的标准差，K_{it}是在 t 年 i 银行的股东权益，A_{it}是在 t 年 i 银行的总资产。由于 Z 值综合考察了商业银行的偿债能力和盈利能力，因而其被广泛应用于度量银行风险承担，可以衡量银行破产风险的程度。Z 值越大说明银行越稳健，其风险承担越小。

表 5.1 和图 5.1 是 2007 ~ 2020 年我国 280 家商业银行每年的 Z 值均值。由图 5.1 可知，2007 ~ 2020 年，我国 280 家商业银行 Z 值整体呈现上升趋势，说明我国商业银行风险承担情况呈现下降趋势，这可能与近年来宏观审慎监管的政策实施有关，银行风险监管政策加强后，银行风险承担水平降低。

表 5.1　　2007 ~ 2020 年我国 280 家商业银行 Z 值均值

年份	Z 值均分	年份	Z 值均分
2007	11.51	2014	17.45
2008	13.23	2015	16.61
2009	13.09	2016	15.48
2010	14.07	2017	15.59
2011	14.96	2018	16.09
2012	16.02	2019	16.87
2013	16.33	2020	16.40

资料来源：笔者计算得出。

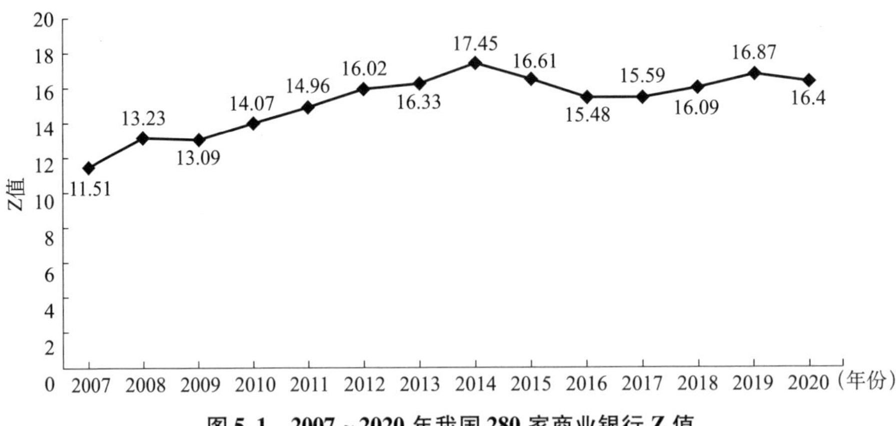

图 5.1　2007～2020 年我国 280 家商业银行 Z 值

资料来源：笔者根据表 5.1 绘制。

除了 Z 值外，本章选择风险加权资产比率（RISK）作为被解释变量的替换变量，各银行的风险加权资产除以总资产的比值为风险加权资产比率。风险加权资产是对银行的资产按照风险系数不同进行分类。依据 2023 年《商业银行资本管理办法（征求意见稿）》，对不同类型的资产乘以不同的权重，权重与资产的风险大小成正比。因此，用风险资产占总资产的比重来度量银行的风险承担能力：风险资产占总资产的比例越大，银行的风险承担越大；比例越小，银行的风险承担越小。表 5.2 和图 5.2 是 2007～2020 年我国 280 家商业银行风险加权资产比率均值。由图 5.2 可知，2007 年以来，280 家商业银行整体风险加权资产比率呈现上升趋势，说明近年来银行所持有的风险资产占比增加，银行的风险承担有所增加，特别是在 2013 年，风险加权资产比率有较大幅度的增加。

表 5.2　2007～2020 年我国 280 家商业银行风险加权资产比率均值

年份	RISK 均值	年份	RISK 均值
2007	0.555	2014	0.660
2008	0.556	2015	0.645
2009	0.565	2016	0.642
2010	0.563	2017	0.656
2011	0.575	2018	0.659
2012	0.572	2019	0.658
2013	0.636	2020	0.637

资料来源：国泰安数据库。

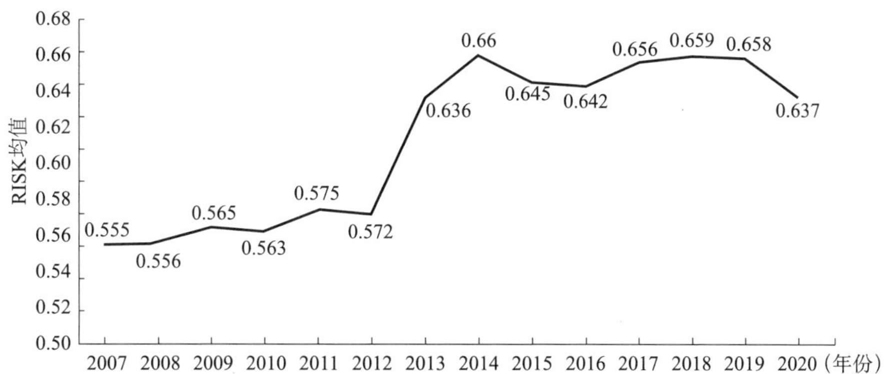

图 5.2 2007～2020 年我国 280 家商业银行风险加权资产比率均值

资料来源：笔者根据表 5.2 绘制。

（二）货币政策

货币政策的代理变量有四个，分别是上海银行间同业拆放利率（SHIBOR）、广义货币（M_2）、法定存款准备金率（RRR）、收益和杠杆混合机制指数（COM）。本章选用前三个指标作为货币政策的代理变量来检验货币政策对银行风险承担的影响，因为这些是中央银行实行货币政策的主要中介指标，具有可测性、可控性、与实体经济相关性等特点，具体原因剖析已经在第二章阐述。COM 作为解释变量用来验证收益和杠杆混合机制对银行风险承担的影响，第二章证明和推导了收益和杠杆混合机制，本章将实证研究收益和杠杆混合机制对银行风险承担的影响。

（三）控制变量

控制变量可分为三类：宏观经济变量（GDP 增长率）、银行业行业结构（行业集中率）、银行特征变量（银行资产规模、资本充足率）。模型中的变量及其定义如表 5.3 所示。

GDP 增长率：为了研究宏观经济环境对银行风险承担的影响，本章选用 2007～2020 年年度 GDP 增长率作为宏观经济环境的代理变量。当宏观经济较好，GDP 增长率较高，商业银行会对经济前景有乐观的预期，会持有更多的风险资产，风险承担较大。相反，当经济发展缓慢，GDP 增长率较低，银行对经济前景不看好，所以会选取较为保守的经营策略，风险承担较低。

行业集中度（CR_4）：有关银行业行业结构的度量，较为普遍的方法有行业集中度（CR_4）、勒纳指数和赫芬达尔指数（HHI）等。本章选取应用较为广泛的行业集中度作为银行业行业结构的代理变量。银行业行业结构是指市场中份额最大的几家银行的资产数额占银行业总资产数额的比率。CR_4指的是资产规模最大的四家银行占银行业总资产的比例，其数值越大，说明银行业集中度越高，国有四大行的市场支配能力越大。其计算公式如下：

$$CR_4 = \frac{\sum_{i=1}^{4} X_i}{\sum_{i=1}^{N} X_i} = \frac{\sum_{i=1}^{4} X_i}{X} \tag{5.3}$$

银行资产规模（SIZE）：银行资产规模是各银行间差异最明显的指标，本章选取银行的资产规模取对数作为银行的特征变量之一。资产规模越大的银行盈利方式越多，具有更多的长期客户资源，承担高风险的动力较小；资产规模越小的银行，因为缺少市场份额，所以更有动力提升风险承担，做一些高风险高回报的业务。

资本充足率（CAR）：资本充足率是指商业银行的资本与风险加权资产之比。资本充足率越高的银行，抵御风险的能力越强，面对危机时有更多的资本来缓冲；资本充足率越低的银行，杠杆率越高，资本占风险加权资产的比重越小，意味着要承担的风险越大。因此本章选择资本充足率作为银行的特征变量之一。

表 5.3　　变量含义

变量类型	变量名称	符号	变量说明
被解释变量	Z 值	ZSCORE	Z 值
	风险加权资产比率	RISK	风险加权资产与总资产的比率
解释变量	广义货币	M_2	货币供应量
	法定存款准备金率	RRR	法定存款准备金率
	上海银行间同业拆放利率	SHIBOR	货币政策基准利率
	混合机制指标	COM	收入和杠杆混合机制指标
控制变量	资本充足率	CAR	银行资本与风险加权资产之比
	银行资产规模	SIZE	银行总资产对数
	GDP 增长率	GDP	GDP 比上一年增长百分比
	行业集中度	CR_4	资产最多的四家银行资产占银行总资产的比例

资料来源：笔者整理所得。

三、数据来源

本章样本数据来源于2007~2020年我国280家商业银行年度面板数据，包括中国工商银行、中国农业银行、中国银行、中国建设银行、中国交通银行5家大型国有银行，兴业银行、民生银行、招商银行等全国性股份制商业银行，以及河北银行、晋商银行、重庆农商行等城商行和农商行。具体银行数据来自Wind数据库以及各银行年报，宏观经济数据来自Wind数据库、SHIBOR官网和中国统计年鉴。本章使用的数据包含银行样本，数目众多且类型全面，具有较强的可靠性。

第二节　实证回归结果

一、描述性统计

在实证分析前，本章对各变量做了描述性统计，如表5.4所示。

表5.4　变量的描述性统计

研究变量	变量名	均值	最大值	最小值	标准差
Z值	ZSCORE	18.00	145.2	2.518	10.92
风险加权资产比率	RISK	0.632	6.957	0.0550	0.162
广义货币	M_2	14.14	14.68	12.91	0.431
法定存款准备金率	RRR	16.34	21	11.50	3.053
上海银行间同业拆放利率	SHIBOR	3.829	5.237	2.250	0.849
混合机制指标	COM	0.908	1	0.00900	0.140
资本充足率	CAR	16.88	728	-4.560	29.39
银行资产规模	SIZE	24.83	31.19	18.73	1.870
GDP增长率	GDP	0.0980	0.184	0.0270	0.0390
行业集中度	CR_4	3.287	760.3	0	17.15

资料来源：笔者根据Stata计算所得。

从表 5.4 可以看出，不同年份各银行在风险承担、资本充足率、资产规模等方面都有较大差异性。

二、模型检验

第一步，Hausman 检验。为了判断 GMM 模型回归使用随机效应还是固定效应，进行 Hausman 检验，检验结果如表 5.5 所示。

表 5.5　　Hausman 检验结果

Chi - sq. 统计量	Prob	结果
127.66	0.001	拒绝原假设

通过以上检验可以看出，在 1% 的显著性水平下，模型拒绝了使用随机效应的零假设，因此模型使用固定效应回归。

第二步，扰动项自相关检验。在一致性估计中，扰动项不存在自相关时才可以使用系统 GMM 方法，因而要对此进行检验。扰动项自相关检测结果如表 5.6 所示。

表 5.6　　扰动项自相关检测结果

Order	z	Prob > z
1	-2.77	0.006
2	-0.65	0.518

资料来源：笔者整理所得。

从表 5.6 可以看出，扰动项的一阶、二阶自相关均不存在，故接受原假设，可以使用系统 GMM。

第三步，Sargan 检验。确定合适的工具变量是使用 GMM 方法的前提，选择工具变量需要满足以下条件：该工具变量不能与随机干扰项相关，但是要与内生性解释变量相关。在模型中选定被解释变量 Z 值的滞后一期 $ZSCORE_{i,t-1}$ 作为工具变量。为了检验选取的工具变量有效性，本章采取 Sargan检验进行验证。过度识别检验结果 P 值为 0.218 大于 0.1，说明不能拒绝工具变量有效的原假设，因此，本章选取的工具变量是有效的。

三、回归结果与分析

（一）基准回归结果

在检验通过的前提下，以 Z 值作为被解释变量，以M_2、RRR、SHIBOR 以及 COM 作为解释变量，验证货币政策对银行风险承担的影响。模型回归结果如表 5.7 所示。

表 5.7 模型回归结果

因变量	Z 值	回归系数	Z 统计量
解释变量	$ZSCORE_{t-1}$	-0.2884 *	-1.88
	M_2	-1.5785 ***	-4.25
	RRR	4.1440 ***	4.78
	SHIBOR	3.6736 ***	5.97
	COM	-0.0193 **	-2.01
控制变量	CAR	0.5669 ***	2.89
	SIZE	-20.0026 ***	-5.38
	GDP	-5.0031 ***	-2.78
	CR_4	-5.2234 ***	-6.45
常数项	Cons	887.8852 ***	6.12

注：*、**、***分别表示在 10%、5%、1% 的水平下显著。

（二）货币政策风险承担分析

从表 5.7 的回归结果可以看出，M_2、RRR、SHIBOR 均与银行的风险承担呈显著相关，其中M_2与风险承担呈正相关，说明在货币供应量增加时，Z 值比较小，银行的风险承担水平较大；RRR、SHIBOR 与银行风险承担呈现显著负相关，法定存款准备金利率高、货币政策基准利率高则银行 Z 值高，这代表银行的风险承担较低。综上所述，我国银行的风险承担确实与货币政策的执行存在相关性，结合前几章的分析，存在这种现象的原因可以从以下几个方面来解释。

第一，银行在货币供应量增速较低时风险承担水平较低。这是因为货币供应量与银行的信贷投放成正比。近年来，货币供应量增速较慢，我国经济增长趋缓，实体经济发展不如从前，项目投资收益率下滑，银行不良贷款率增加，坏账、呆账增加。在经济形势严峻的大环境下，一方面，银行出于对市场的消极预期，减少高风险项目的投资，减少对风险资产的配比；另一方面，央行强化宏观审慎政策与货币政策相结合的双支柱管理，增大了对商业银行资本充足率的要求，要求商业银行做逆周期缓冲计提，防范金融系统性风险的堆积。因此，在货币供应量较低时，银行的风险承担水平较低。

第二，银行在基准利率较低时风险承担水平较高。这是因为基准利率是我国货币走廊建设的中枢，基准利率走低时，银行的贷款利率也要相应降低，相应的银行的盈利水平会有所降低。为了保持之前的收益水平，银行追逐收益的动机更加强烈，更倾向于增加风险资产的投资，投资高风险资产以求取得较高的收益，风险承担水平增加。这个结论与银行的预期收益率“黏性”理论一致，当市场繁荣时市场预期收益率处于高位，繁荣过后金融机构难以降低其对于预期收益率的期望值。金融市场上贷款利率随货币政策的实施而变化，这种变化越大，其与银行目标收益率之间就会有更大的差别，银行为了实现曾经的收益率，会主动增加风险行为。因此，在宽松货币环境下，银行会追求“黏性”目标收益率，导致其主动追逐风险较大、收益较高的资产。

第三，银行在法定存款准备金率较低时风险承担水平较高，央行降低法定存款准备金率是较为宽松的货币政策信号，说明央行想要促进实体经济发展，扩大信贷水平，商业银行响应央行的政策因而扩大信贷水平。在小微企业申请贷款时，商业银行会相应予以扶持，给予优惠利率并且降低贷款的门槛，这会使贷款的银行承受更大的违约风险，因此，银行风险承担水平增加。

第四，收益和杠杆混合机制指数与银行风险承担分析。从表 5.7 中可以看出，混合机制指数 COM 与 Z 值呈现显著负相关，即混合机制指数 COM 与银行的风险承担正相关。货币政策的风险承担渠道作用机制可归纳为收益和杠杆两种相反机制，当收益机制较强时，混合机制为正，高利率的货币政策会引起银行追逐利润而增大风险承担；当杠杆机制较强时，混合机制为负，高利率的货币政策会增大银行筹资成本，银行会减少持有风险资产来降低成本。所以根据实证结果我们可以证实前文中解释的货币政策风险承担渠道作用机制可以用收益和杠杆混合机制来解释。

（三）银行特征变量与银行风险承担分析

从表5.7中可以看出，CAR、SIZE与银行风险承担具有显著的相关性。其中，CAR与Z值显著正相关，即CAR与银行风险承担显著负相关。这不难理解，银行自有资本的变化影响了银行整体的杠杆水平。当银行所有者权益降低时，CAR会降低，银行风险会升高。当银行出现贷款难以收回或利率变化引起银行资产损失时，银行的自有资本可能难以弥补损失，因此，CAR较低时银行的风险承担较高。如果银行通过增加自有资本来提升资本充足率，那么就有更多的资本来缓冲风险，银行风险承担降低；如果银行主动减少高风险贷款和资产，那么银行的违约风险和信用风险将降低，银行整体风险降低。

SIZE和Z值之间存在显著的正相关，即银行的资产规模和所承担的风险之间存在负相关，这表明，银行资产规模越大，风险承担水平越低；银行资产规模越小，风险承担水平越高。这主要有以下两个方面的原因。一方面，资产规模大的银行，盈利能力强，具有较为先进的管理水平和广泛的客户资源，所以大银行对于高风险资产持有获得高收益的动机不如小银行高。另一方面，资产规模大的银行在我国均是国有银行，在资本充足率、流动性覆盖率等水平上要求都比较高。此外，大型的银行风控水平较高，对于贷款审核较严格，承担的违约风险较低。相反，资产规模小的银行市场占有率不高，只有通过高收益才能吸引到更多的客户，因此，小规模银行追逐收益的动机更高，风险承担水平也更高。

（四）宏观经济变量与银行风险承担分析

从表5.7中可以看出，GDP增长率、CR_4与银行风险承担有着显著的相关性。其中，GDP增长率与Z值显著负相关，即GDP增长率与银行风险承担呈显著正相关。这主要是因为银行对货币政策的反应具有顺周期性，在

GDP 增速较高的时期，银行对未来高度乐观，因而对风险的容忍度大幅提高，持有的风险资产增加，风险承担水平升高。在 GDP 增长率较低的时期，银行对未来经济普遍较为悲观，因而减少风险资产的持有，对风险的容忍度降低，银行整体的风险承担水平较低。

CR_4 与 Z 值呈显著负相关，即 CR_4 与银行风险承担呈显著正相关。这说明，银行业垄断性增强了银行的风险承担。相反，银行竞争越充分，风险承担越小。除此之外，本期 Z 值与上一期 Z 值显著相关，具有一定的连贯性。

四、稳健性检验

商业银行整体风险程度被称为银行的风险承担，在衡量银行风险承担时需要选取合适的变量，前面实证检验使用的是 Z 值作为风险承担的代理变量，为了使结果更具有说服力，下面将选取其他变量代表银行风险承担再次进行实证研究。本章的稳健性检验使用风险加权资产比率（RISK），即各银行的风险加权资产占总资产的比重作为被解释变量替换 Z 值。与 Z 值不同，Z 值越大银行风险承担越小，RISK 越大说明银行的风险承担越大。回归结果如表 5.8 所示。

表 5.8　　稳健性检验结果

因变量	RISK	回归系数	Z 统计量
解释变量	$RISK_{t-1}$	0.3115***	5.29
	M_2	2.6761***	7.59
	RRR	-7.2766***	-8.44
	SHIBOR	-3.5571***	-4.01
	COM	0.0024**	2.41
控制变量	CAR	-2.4565***	-7.34
	SIZE	23.4002**	2.99
	GDP	9.8965***	5.77
	CR_4	5.2458***	4.11
常数项	Cons	712.9112***	4.13

注：**、***分别表示在5%、1%的水平下显著。

从表5.8中可以看出，货币政策对银行风险承担的影响是显著的，其中，M_2与银行风险承担正相关，RRR、SHIBOR与银行风险承担负相关，COM与银行风险承担正相关，在以RISK为被解释变量时，M_2和RRR的系数相比之前的实证要大一些。这与表5.7的结论基本一致。控制变量方面，CAR与银行风险承担负相关，SIZE与银行风险承担正相关，GDP增长率与银行风险承担正相关，CR_4与银行风险承担正相关。另外，本期RISK与上一期RISK显著相关，具有一定的连续性。综合来看，央行货币政策的确会对商业银行的风险承担造成影响，传导渠道存在，造成风险承担渠道的机制可以总结为收益机制和杠杆机制两种。

第三节　小结

本章使用我国2007～2020年280家商业银行的面板数据构建了GMM动态面板回归模型，通过实证研究方法证实了货币政策对我国商业银行风险承担具有显著的影响，在宽松的货币政策影响下银行的整体风险较大，而在央行收紧货币政策时银行的整体风险较小。此外，本章还实证分析了风险承担渠道的作用机制，验证了混合效应的作用机制。下一章将实证研究宏观审慎政策对银行风险承担的影响。

第六章　宏观审慎政策对银行风险承担影响的实证检验

第三章从理论层面分析了宏观审慎政策的使用对商业银行计提贷款损失准备产生的影响。为验证宏观审慎政策是否会影响我国银行风险承担水平，本章选取我国280家有代表性的商业银行2007～2020年的年度数据建立模型进行实证检验。在此基础上分样本进行异质性分析，分析对于不同类型的商业银行，宏观审慎政策对银行风险承担的影响是否存在差异性。

第一节　模型构建、变量选取与数据来源

一、模型构建

基于前面的分析，本章提出假设：商业银行计提贷款损失准备（LLP）与宏观审慎监管指标（MPI）呈正相关关系。基于假设，设定模型如下：

$$lgllp_{i,t} = \alpha_0 + \beta_2 assets + \beta_3 LOANS + \beta_4 NPL + \beta_5 TOC + \beta_6 EBT + \beta_7 FDP + \beta_8 CAR + \varepsilon_{i,t} \qquad (6.1)$$

二、变量选取

（一）银行风险承担

研究宏观审慎政策对银行风险承担的影响时，选取银行风险承担的代

理变量具有关键意义。当前我国有关研究中，用于衡量银行风险程度的指标有预期违约概率、银行破产风险、风险加权资产占比、不良贷款率、拨备覆盖率等。本章将贷款损失准备作为因变量，借鉴第五章实证检验，这里选择 Z 值作为因变量的替换变量进行稳健性检验。

（二）宏观审慎政策

一般来说，宏观审慎工具的使用是对经济周期进行逆周期调节，目的是防范系统性风险，宏观审慎政策制定者更希望商业银行对于贷款损失准备进行前瞻性计提。IMF 曾经调查了全球重要经济体的宏观审慎工具使用情况，该项调查为“Global Macroprudential Policy Instruments（GMPI）”。这项调查十分详尽，涵盖了逆周期缓冲、动态贷款减值损失等多种宏观审慎工具。IMF 的宏观审慎政策数据库 iMaPP 是由阿拉姆等（Alam et al.，2019）构建的，结合了来自 5 个现有数据库和 IMF 宏观审慎政策调查的信息。这是目前为止仅有的对于各国宏观审慎工具使用情况的全面统计。本章将运用 iMaPP 数据库的宏观审慎政策数据以及切鲁蒂等（2015）的数据处理方式，通过构建宏观审慎指数 MPI 作为宏观审慎监管的代理变量。

（三）控制变量

对于控制变量的选取，本节参考奥斯玛等（2019）以及丁友刚和严艳（2019）对于变量的选择，选取控制变量，具体变量解释如表 6.1 所示。其中，银行规模会显著影响其计提贷款损失准备的额度，一般认为，银行规模越大，银行计提贷款损失准备越多，因而选取银行总资产（Assets）作为代表银行规模的控制变量；商业银行要遵守贷款拨备率和拨备覆盖率的双重约束，其中贷款拨备率为贷款损失准备金计提余额与各项贷款余额之比、拨备覆盖率为贷款损失准备金计提余额与不良贷款余额之比，因而选择银行贷款总额（Loans）与不良贷款余额（NPL）作为控制变量；税前利润（EBT）的系数可以衡量商业银行是否存在盈余平滑。如果税前利润系数显著为正，则说明商业银行存在该行为；在加入监管变量后，若税前利润仍显著为正，则说明商业银行盈余平滑的动机包括吸引投资，否则动机主要是满足监管要求。除此之外，银行层面的控制变量还加入了资本充足率

（CAR）和银行计提的一级资本净额（TOC）。宏观经济层面参考董进（2006）测度宏观经济周期波动的变量，即 GDP 变量以控制贷款损失准备计提的顺周期性。

表 6.1　　模型变量指标及定义

变量	变量解释
Assets	银行总资产的对数，代表银行规模
Loans	银行贷款总额
NPL	银行不良贷款余额
CAR	资本充足率
TOC	银行计提的一级资本净额
EBT	银行税前利润
GDP	国内生产总值

三、数据来源

本章选取 280 家商业银行 2007 ~ 2020 年的非平衡面板数据，无论是从银行类型上还是从银行规模上来看，都涵盖了我国主要银行，能够很好地代表我国银行业的整体现状。所使用的银行数据来源于国泰安数据库、锐思金融数据库，宏观审慎数据来源于 IMF 的 iMaPP 数据库，宏观经济数据来源于《中国统计年鉴》。

第二节　实证回归结果

一、描述性统计

基于现有研究成果，本章将贷款损失准备的对数（lgllp）作为被解释变量。表 6.2 是被解释变量 lgllp 的年度描述性统计水平，图 6.1 是被解释变量 lgllp 的年度变化趋势。可以看出，被解释变量 lgllp 的均值与中位数基本趋同，自 2008 年开始，被解释变量的均值、最大值、最小值、中位数都呈缓慢增长的趋势。可能与2008年金融危机后人们开始意识到宏观审慎政策的重要性有关，也可能与经济周期相关，这有待于进一步的验证。2007年被解释变量标准差最大，明显高于其他年份。从标准差变化趋势可以看出，自2007年开始，被解释变量的标准差逐渐变小，到2012年左右趋于较为稳定，大概维持在0.09左右。这可能是因为在2008年金融危机之后，我国监管当局开始重视宏观审慎监管，并将动态性和前瞻性贷款损失准备管理作为监管工具之一。2011年，银监会发布《关于中国银行业实施新监管标准的指导意见》《商业银行贷款损失准备管理办法》，强调加强商业银行贷款损失准备的动态性及前瞻性管理，使得各商业银行计提贷款损失准备趋于合理化，因而银行间贷款损失准备差异变小，标准差数值基本保持平稳。

表6.2　　被解释变量 lgllp 的年度描述性统计

年份	中位数	均值	标准差	最小值	最大值
2007	2.989	2.980	0.136	2.598	3.196
2008	2.981	2.985	0.103	2.626	3.217
2009	2.965	2.975	0.101	2.626	3.225
2010	2.978	2.984	0.0910	2.661	3.229
2011	2.984	2.989	0.0884	2.759	3.234
2012	3.004	3.002	0.0878	2.725	3.257
2013	3.016	3.009	0.0934	2.598	3.259
2014	3.019	3.009	0.0942	2.695	3.263
2015	3.030	3.017	0.0985	2.598	3.267
2016	3.032	3.022	0.0978	2.598	3.268
2017	3.036	3.030	0.0930	2.598	3.270
2018	3.040	3.036	0.0884	2.780	3.272
2019	3.039	3.028	0.0967	2.636	3.276
2020	3.042	3.033	0.0935	2.780	3.280

资料来源：原始数据来自国泰安数据库、锐思金融数据库，笔者采用Stata和Excel处理所得。

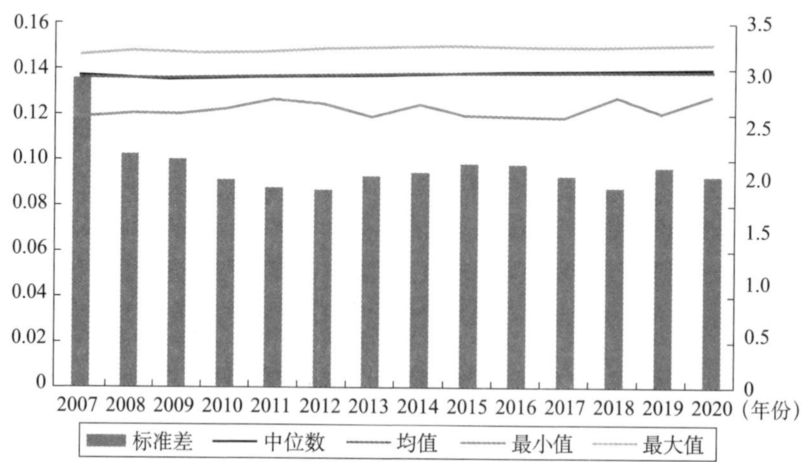

图 6.1　被解释变量 lgllp 的年度变化趋势

资料来源：笔者根据 2007～2020 年 LLP 数据绘制。

二、回归结果与分析

MPI 的回归系数均显著为正，这说明宏观审慎政策对各类型商业银行计提贷款损失准备的影响不具有差异性，相关性均与总体保持一致。表 6.3 列示了模型的实证结果。同时，为了进一步分析宏观审慎工具的使用对于不同类型商业银行计提贷款损失准备的影响，本章进一步将银行样本数据按照上市银行、非上市股份制银行、非上市城商行和非上市农商行分类进行实证分析。结果显示，宏观审慎代理变量 MPI 的回归系数均显著为正，这说明，宏观审慎政策与商业银行计提贷款损失准备呈正相关的关系，进一步说明央行实施的宏观审慎政策，或者说使用的大部分宏观审慎工具都具有逆周期的特点，可能会导致多计提贷款损失准备，证实了宏观审慎的“前瞻性”。进行异质性分析回归后发现，对于所有类型的银行，宏观审慎代理变量 MPI 的回归系数均显著为正，说明宏观审慎政策对各类型商业银行计提贷款损失准备的影响不具有差异性，相关性均与总体保持一致。

对于控制变量，被解释变量与银行总资产显著为正，与预期一致，意味着银行规模越大，所计提的贷款损失准备越多。但对银行进行异质性分析时发现，非上市农商行出现相反的结果，这可能是由于非上市农商行的体制以及业务没有其他类型的商业银行完善所导致。总贷款前系数显著为负，分类型讨论时只有上市银行显著为负，其他三类银行均显著为正，原因可能在于上市银行制度完善，贷款客户信用良好，贷款多反而出现很少的坏账，进而只计提少量的损失，因而呈现负相关。不良贷款前系数均显著为正，与预期一致，意味着商业银行不良贷款越多，所计提的损失也就越多。另外，对所有样本银行的数据进行回归时，税前利润系数均显著为负，说明商业银行利用贷款损失准备进行盈余平滑的动机是出于监管要求。进行异质性分析时上市银行和非上市股份制银行系数仍然显著为负，但是非上市城商行和非上市农商行呈现相反的结果，说明在宏观审慎政策下，非上市城商行和非上市农商行平滑盈余过度，超出了监管所要求的部分，其动机可能是为了粉饰报表、美化账面，以便吸引投资者的青睐。

表 6.3　　　　模型实证结果

变量	所有银行	上市银行	非上市股份制银行	非上市城商行	非上市农商行
MPI	0.129*** (4.26)	0.452*** (7.61)	0.346*** (6.13)	0.299*** (4.99)	0.214*** (5.16)
Assets	5.69*** (1.70)	2.76*** (1.03)	5.01*** (5.01)	-6.21*** (-1.57)	-7.67*** (-2.29)
Loans	$-7.42e^{-9}$** (-1.98)	$-6.27e^{-9}$** (-2.47)	$1.13e^{-7}$ (1.24)	$4e^{-7}$*** (5.46)	$3.39e^{-7}$*** (3.85)
CAR	-0.021* (-2.44)	0.003 (0.36)	-0.030*** (-32.81)	-0.012 (-1.08)	0.012*** (1.96)
TOC	$4.08e^{-9}$ (0.95)	$7.48e^{-9}$* (1.93)	$-1.16e^{-7}$ (-1.45)	$-1.08e^{-7}$** (-2.40)	$3.9e^{-9}$ (0.61)
NPL	$2.71e^{-7}$*** (4.48)	$1.86e^{-7}$*** (4.09)	$8.01e^{-7}$* (1.95)	$2.5e^{-6}$*** (3.41)	$2.45e^{-6}$*** (5.21)
EBT	$-1.89e^{-7}$** (-2.33)	$-2.97e^{-7}$*** (-2.78)	$-9.76e^{-7}$ (-0.88)	$4.89e^{-6}$*** (3.15)	$7.89e^{-8}$*** (1.14)
R^2	0.3789	0.6790	0.2362	0.6902	0.7841
Groups	280	38	6	105	131

注：括号内为 t 值；*、**、***分别表示在 10%、5%、1% 的水平下显著。
资料来源：笔者根据计量软件 Stata 针对样本数据的检验结果整理所得。

三、稳健性检验

商业银行整体风险程度被称为银行的风险承担，在衡量银行风险承担时需要选取合适的变量，前面在进行实证检验时使用的是贷款损失准备的对数作为风险承担的代理变量，由于其结果是基于一种代理变量选择而得出的，为了使结果更具有说服力，下面将选取其他变量代表银行风险承担再次进行实证研究。稳健性检验回归结果如表 6.4 所示。遵循之前的研究思路，当改变因变量的代理变量时，实证结果应该依然显著。

表 6.4　稳健性检验

变量	所有银行	上市银行	非上市股份制银行	非上市城商行	非上市农商行
MPI	0.893 *** (5.01)	0.783 *** (7.12)	0.893 *** (5.79)	0.638 *** (3.89)	0.234 *** (5.82)
Assets	5.12 *** (1.69)	2.76 *** (1.24)	5.01 *** (4.97)	-6.21 *** (-1.07)	-7.67 *** (-2.92)
Loans	-7.37 e $^{-9}$ ** (-1.98)	-6.34 e $^{-9}$ ** (-2.47)	1.13 e $^{-7}$ (1.24)	4.83 e $^{-7}$ *** (5.46)	3.39 e $^{-7}$ *** (3.85)
CAR	-0.321 * (-2.33)	0.003 (0.36)	-0.030 *** (-32.81)	-0.012 (-1.08)	0.012 *** (1.96)
TOC	4.08 e $^{-9}$ (0.95)	7.18 e $^{-9}$ * (1.93)	-2.21 e $^{-7}$ (-1.14)	-1.14 e $^{-7}$ ** (-2.47)	3.12 e $^{-9}$ (0.61)
NPL	2.71 e $^{-7}$ *** (4.48)	1.86 e $^{-7}$ *** (4.09)	7.01 e $^{-7}$ * (1.95)	2.5 e $^{-6}$ *** (3.41)	2.45 e $^{-6}$ *** (5.21)
EBT	-2.09 e $^{-7}$ ** (-2.33)	-2.97e $^{-7}$ *** (-2.78)	-9.76 e $^{-7}$ (-0.88)	4.89 e $^{-6}$ *** (3.15)	7.89 e $^{-8}$ *** (1.14)
R^2	0.3893	0.9895	0.8713	0.7452	0.7392
Groups	280	38	6	105	131

注：括号内为 t 值；*、**、***分别表示在 10%、5%、1% 的水平下显著。
资料来源：笔者根据 Stata 回归结果整理所得。

第三节　小结

本章首先对样本数据进行描述性统计分析，分析自 2007 年以来我国商业银行计提贷款损失准备的基本走势；其次使用 Stata 软件进行多元回归分析，分别分析宏观审慎政策与银行风险承担之间的相关性；最后通过替换被解释变量进行稳健性检验，结果显示稳健。接下来，本书将把货币政策和宏观审慎政策纳入同一框架实证分析其政策效应。

第七章　双支柱调控框架对银行风险承担影响的实证检验

第四章已经从理论层面分析了双支柱协调配合对银行风险承担的影响，本章选取我国130家商业银行2007～2020年的年度非平衡面板数据，使用固定效应模型实证研究双支柱调控对银行风险承担的影响。考虑到银行属性的影响，本章首先将样本银行分为国有商业银行和股份制商业银行，以及城市商业银行和农村商业银行进行检验；其次对不同类型宏观审慎政策工具与货币政策协调搭配的政策效用差异进行分析；最后运用中介效应模型分析双支柱调控对银行风险承担的影响机制，并进一步分析不同经济周期下的政策效用差异。

第一节　模型构建、变量选取与数据来源

一、模型构建

（一）基准模型

为研究双支柱调控对银行风险承担的作用，本章构建基准模型如下：

$$Z_{i,t} = \beta_0 + \beta_1 Map_t + \beta_2 LR_t + \beta_3 Map_t \times LR_t + X_{i,t} + \mu_i + \varepsilon_{i,t} \tag{7.1}$$

其中，$Z_{i,t}$表示银行风险承担，Map_t表示宏观审慎政策，LR_t表示货币政策，$Map_t \times LR_t$表示宏观审慎政策与货币政策的双支柱调控框架，$X_{i,t}$表示控制

变量，μ_i表示个体固定效应，$\varepsilon_{i,t}$表示随机误差项。本章主要关注β_3的正负及其显著性，β_3显著为负代表宏观审慎政策与货币政策的效用间存在部分抵消作用。将模型（7.1）中的Map_t分别替换为Map_cap_t、Map_cre_t、Map_liq_t和Map_other_t，进一步分析不同类型宏观审慎政策与货币政策协调配合的效果差异。

（二）动态面板模型

为避免基准模型中可能存在的内生性，在模型（7.1）的基础上引入被解释变量的一阶滞后项，构建如下动态面板模型，使用系统 GMM 方法进行检验：

$$Z_{i,t} = Z_{i,t-1} + \beta_0 + \beta_1 Map_t + \beta_2 LR_t + \beta_3 Map_t \times LR_t + X_{i,t} + \mu_i + \varepsilon_{i,t} \quad (7.2)$$

其中，$Z_{i,t}$表示银行风险承担，其余变量设置与基准模型一致。

（三）中介效应模型

为了研究双支柱调控作用于银行风险承担的影响渠道，本章参考温忠麟（2014）的研究，在基准模型（7.1）的基础上构建如下中介效应模型进行分析：

$$roe_{i,t} = \delta_0 + \delta_1 Map_t + \delta_2 LR_t + \delta_3 Map_t \times LR_t + X_{i,t} + \mu_i + \varepsilon_{i,t} \quad (7.3)$$

$$Z_{i,t} = \lambda_0 + \lambda_1 Map_t + \lambda_2 LR_t + \lambda_3 Map_t \times LR_t + \lambda_4 roe_{i,t} + X_{i,t} + \mu_i + \varepsilon_{i,t} \quad (7.4)$$

其中，$roe_{i,t}$为中介变量，代表银行盈利水平。基准模型（7.1）中已经分析了双支柱调控框架对银行风险承担的影响，接下来，主要关注δ_3、λ_3和λ_4的正负以及其显著性。δ_3显著代表双支柱调控会对银行盈利水平产生影响；λ_3和λ_4均显著且λ_3的绝对值小于β_3的绝对值，代表双支柱调控可以通过银行盈利水平这一渠道影响银行风险承担。

二、变量选取

（一）银行风险承担

被解释变量为银行风险承担。根据现有研究，常见的银行风险承担代理变量有 Z 值、不良贷款率、风险加权资产占比、贷款损失准备金率以及拨备覆盖率等。本章借鉴祁敬宇和刘莹（2021）与张春海和赵偞贝（2022）的研究，采用 Z 值来衡量商业银行的风险承担水平。Z 值的计算公式为：Z =（roa + E）/σ（roa）。其中，roa 为资产收益率，E 为权益与资产之比，σ（roa）为资产收益率的三年滚动标准差。Z 值越大表明商业银行的稳定性越强，风险承担水平越低。此外，本章用不良贷款率（Npl）和拨备覆盖率（Pvcra）对实证结果进行稳健性检验。

（二）宏观审慎政策与货币政策

对于宏观审慎政策，本章借鉴阿拉姆等（2019）的研究，用 IMF 的 iMaPP 数据库中的宏观审慎政策指数（Map）作为宏观审慎政策的代理变量，其包含 17 种宏观审慎政策的实施情况，如果实施的政策趋紧记 +1，政策放松记 -1，否则记 0。本章还借鉴马勇和黄辉煌（2021）以及顾海峰和卞雨晨（2022）的研究，将宏观审慎政策分为资本型、贷款型、流动型以及其他型，以分析不同类型的宏观审慎政策与货币政策的作用。

对于货币政策，本章借鉴佟孟华等（2022）的研究，用一年期贷款基准利率（LR）作为货币政策的代理变量，并使用数量型货币政策工具广义货币增长率（DM2）和价格型货币政策工具再贴现利率（R）作为替代变量对结果进行稳健性检验。

（三）控制变量

考虑到银行自身因素以及宏观经济对银行风险承担的影响，本章引入相关控制变量进行研究。参考黄继承等（2020）的研究，用总资产的对数（lnasset）来衡量资产规模，用存贷比（dep）来衡量流动性水平，用成本收入比（cir）来衡量银行管理效率，用资本充足率（car）来衡量银行资本水平，用总净资产收益率（roa）来衡量银行盈利水平。对于宏观经济层面的控制变量，用 GDP 增长率（DGDP）来衡量经济增长水平，用居民消费者价格指数（CPI）来衡量通货膨胀水平。主要变量的定义及说明如表 7.1 所示。

表 7.1　　变量定义

变量类型	变量名称	变量符号	变量说明
被解释变量	银行风险承担	Z	（roa + E）/σ（roa）
		Npl	不良贷款率
		Pvcra	拨备覆盖率
解释变量	宏观审慎政策	Map	宏观审慎政策指数
		Map_ cap	资本型宏观审慎政策指数
		Map_ cre	贷款型宏观审慎政策指数
		Map_ liq	流动型宏观审慎政策指数
		Map_ other	其他型宏观审慎政策指数
	货币政策	LR	一年期贷款基准利率
		DM2	广义货币增长率
		R	再贴现利率
中介变量	总资产收益率	roa	净利润/资产 ×100%
控制变量	银行规模	lnasset	总资产对数
	存贷比	dep	总贷款/总存款 ×100%
	成本收入比	cir	营业费用/营业收入 ×100%
	资本充足率	car	资本净额/风险加权资产 ×100%
	经济增长	DGDP	GDP 增长率
	通货膨胀	CPI	居民消费价格指数

资料来源：笔者整理所得。

三、数据来源

本章选取 2007 ~2020 年我国商业银行作为研究样本，剔除政策性银行和外资银行，剔除数据不足 3 年的商业银行样本，最终样本包括 130 家商业银行的年度数据，其中包括 5 家国有商业银行、11 家股份制商业银行、74 家城市商业银行和 40 家农村商业银行。对银行财务数据在 1% 水平下进行 Winsorize 缩尾处理，以避免异常值的影响。本章所用银行相关数据来自国泰安数据库，宏观审慎政策数据来自 IMF 的 iMaPP 数据库，货币政策数据来自中国人民银行官网，其余宏观经济数据来自《中国统计年鉴》和 CEIC 数据库。

第二节　实证回归结果

一、描述性统计

表7.2为主要变量的描述性统计结果。由表7.2可知，银行风险承担的代理变量Z值均值为133，标准差为176，表明样本银行的风险承担水平存在较大差异。宏观审慎政策（Map）的均值为4.286，最小值为－2，最大值为13，我国实施紧缩型宏观审慎政策较为频繁。在四类宏观审慎政策中，流动型宏观审慎政策（Map_liq）的均值和标准差较大，说明我国实施流动型宏观审慎政策的力度更大；其他型宏观审慎政策的最小值为0，最大值为3，说明其他型宏观审慎政策的实施相对较少。一年期贷款基准利率（LR）的均值为5.297，最小值为4.350，最大值为7.470。控制变量中，银行存贷比（dep）的均值为66.89，最小值为34.45，最大值为100.3，表明银行间流动性水平差异较大。

表7.2　变量描述性统计

变量	观测值	均值	标准差	最小值	最大值
Z	1 427	133.0	176.0	0	1 107
Npl	1 621	1.542	0.940	0.0600	5.730
Pvcra	1 481	269.4	158.3	77.23	1 074
Map	1 820	4.286	4.400	－2	13
Map_cap	1 820	0.857	1.125	－1	3
Map_cre	1 820	0.786	2.178	－2	6
Map_liq	1 820	2	3.140	－2	11
Map_other	1 820	0.643	1.043	0	3
LR	1 820	5.297	0.965	4.350	7.470
DM2	1 820	13.97	5.280	8.100	28.52
R	1 820	2.239	0.321	1.800	3.240

续表

变量	观测值	均值	标准差	最小值	最大值
lnasset	1 543	25.84	1.708	22.89	30.69
car	1 631	13.32	2.352	8.490	23.96
dep	1 641	66.89	11.51	34.45	100.3
cir	1 398	32.99	6.542	18.01	56.16
DGDP	1 820	8.029	2.596	2.348	14.23
CPI	1 820	2.738	1.679	-0.728	5.925
roa	1 540	0.942	0.378	0.133	2.054
up	1 820	0.429	0.495	0	1
down	1 820	0.571	0.495	0	1

资料来源：原始数据来自国泰安数据库、iMaPP 数据库、CEIC 数据库、中国人民银行官网和《中国统计年鉴》，笔者用 Stata 和 Excel 处理所得。

二、基准模型回归结果

基于 Hausman 检验结果，本章选择固定效应模型进行检验，基准模型的回归结果如表 7.3 所示。由列（1）可知，全样本中，宏观审慎政策指数的系数在 1% 的水平下显著为正，表明宏观审慎政策的实施有助于降低银行风险承担水平并提高银行的稳定性。一年期贷款基准利率的系数在 5% 的水平下显著为正，表明在实施宽松型货币政策的情况下，由于估值效应、利益追逐效应、杠杆效应以及保险效应的作用，银行的风险承担水平有所上升。宏观审慎政策指数与一年期贷款基准利率的交互项系数为 -6.836，在 1% 的水平下显著，表明宏观审慎政策能够调节货币政策放松时所带来的过度风险承担，双支柱调控在一定程度上能够降低银行风险承担；在实施紧缩型货币政策和紧缩型宏观审慎政策时，两者的政策效果存在一定程度的抵消。

表 7.3　　基准模型：双支柱调控对银行风险承担的影响

变量	(1)	(2)	(3)
	全样本	国有商业银行和股份制商业银行	城市商业银行和农村商业银行
Map	42.037***	127.802***	26.505*
	(3.06)	(2.96)	(1.87)

续表

变量	(1)	(2)	(3)
	全样本	国有商业银行和股份制商业银行	城市商业银行和农村商业银行
LR	34.680** (2.54)	106.094** (2.79)	20.582 (1.43)
Map × LR	-6.836*** (-3.03)	-21.911*** (-3.26)	-4.286* (-1.82)
lnasset	31.186* (1.67)	142.263** (2.22)	22.398 (1.23)
dep	3.296*** (3.28)	4.915* (2.09)	2.179* (1.86)
car	7.549 (1.62)	30.459** (2.56)	4.557 (0.99)
cir	-3.622*** (-2.97)	9.942** (2.18)	-3.786*** (-2.79)
DGDP	-10.538 (-1.53)	-13.635 (-0.69)	-8.764 (-1.19)
CPI	1.509 (0.45)	10.841 (1.43)	2.452 (0.55)
常数项	-996.402* (-1.74)	-5 510.125** (-2.48)	-577.047 (-1.08)
观测值	1 244	206	1 038
样本量	125	16	109
个体固定效应	YES	YES	YES
R^2	0.092	0.317	0.049

注：括号内为 t 值；*、**、***分别代表在 10%、5%、1% 的水平下显著。
资料来源：笔者根据 Stata 回归结果整理所得。

为检验双支柱调控作用于不同性质银行的效果差异，进一步将样本分为国有商业银行和股份制商业银行，以及城市商业银行和农村商业银行两类，回归结果分别如表 7.2 中列（2）和列（3）所示。第一，就政策有效性来看，对于国有商业银行和股份制商业银行，银行宏观审慎政策和紧缩型货币政策能够有效降低银行的风险承担水平，并且宏观审慎政策能够调节宽松型货币政策引起的银行风险承担上升；对于城市商业银行和农村商业银行，货币政策对银行风险承担的作用不明显，而宏观审慎政策依旧有效并且能够调节货币政策带来的风险承担效应。第二，就政策效果来看，国有商业银行和股份制商业银行中宏观审慎政策指数、一年期贷款基准利率和交互项的系数绝对值大小以及显著性均高于城市商业银行和农村商业银行，表明货币政策和宏观审慎政策的政策效果在国有商业银行和股份制商业银行中更加明显。

从控制变量的回归结果来看，资产规模的系数在10%的水平下显著为正，可能是因为银行规模越大，银行的经营体系及制度比较完备，风险管理能力更强，从而银行风险承担越低。银行存贷比的系数在1%的水平下显著为正，表明银行流动性越高，其风险承担水平越低。资本充足率的系数为正但不显著，表明充足的资本水平有助于银行的稳健经营，但这种作用较小。成本收入比的系数在1%的水平下显著为负，表明成本收入比越高，银行控制成本和经营管理能力越差，银行风险承担水平可能会更高。GDP增长率以及居民消费价格指数的系数均不显著，表明经济增长和通货膨胀水平对银行风险承担的影响不是十分明显。

三、稳健性检验

为了增强基准模型回归的稳健性，本节从以下几个方面进行稳健性检验。

第一，构建动态面板模型（2）并使用系统GMM方法进行估计，结果如表7.4中列（1）所示。AR（2）检验结果为0.125，表明误差项不存在二阶序列相关；Sargan检验和Hansen检验的P值分别为0.224和0.539，均大于0.1，表明模型所用的工具变量均为外生的，系统GMM估计结果有效。Z值的一阶滞后项在1%的水平下显著为正，表明银行风险承担具有连续性特征。核心解释变量的正负及显著性与基准模型结果一致，证明了基准回归的稳健性。

表7.4　稳健性检验

变量	系统GMM	替换被解释变量		替换解释变量	
	(1)	(2)	(3)	(4)	(5)
被解释变量	Z	Npl	Pvcra	Z	
L. Z	0.285 *** (5.38)				

续表

变量	系统 GMM	替换被解释变量		替换解释变量	
	(1)	(2)	(3)	(4)	(5)
被解释变量	Z	Npl	Pvcra	Z	
Map	70.006*** (3.77)	-0.224*** (-5.89)	36.550*** (7.02)	11.942** (2.20)	256.679*** (3.19)
LR	48.735** (2.48)	-0.541*** (-10.72)	92.947*** (8.40)		
Map × LR	-12.469*** (-4.04)	0.033*** (5.15)	-5.360*** (-5.62)		
DM2				-6.309** (-2.34)	
Map × DM2				-0.508* (-1.88)	
R					214.015*** (2.78)
Map × R					-110.767*** (-3.19)
lnasset	22.572 (1.26)	0.084 (0.91)	-5.551 (-0.31)	-25.875 (-0.85)	-10.397 (-0.37)
cdb	2.877** (2.05)	0.024*** (5.69)	-3.610*** (-5.95)	2.947*** (2.89)	2.973*** (2.95)
car	-0.382 (-0.08)	-0.081*** (-4.02)	13.753*** (4.16)	5.909 (1.29)	7.440 (1.58)
cir	-4.691* (-1.77)	0.014** (2.01)	-2.191 (-1.32)	-3.657*** (-3.00)	-3.637*** (-2.94)
DGDP	-5.447 (-0.65)	0.177*** (7.67)	-27.983*** (-6.15)	-7.595 (-1.18)	-30.451** (-2.53)
CPI	12.591 (1.22)	0.076*** (4.82)	-2.313 (-0.94)	-10.814* (-1.76)	-9.668* (-1.84)
常数项	-775.653 (-1.52)	-0.258 (-0.10)	261.081 (0.51)	803.351 (0.89)	-21.351 (-0.03)
观测值	1 145	1 328	1 279	1 244	1 244
样本量	125	125	124	125	125
个体固定效应		YES	YES	YES	YES
R^2		0.268	0.250	0.095	0.092

续表

变量	系统 GMM	替换被解释变量		替换解释变量	
	(1)	(2)	(3)	(4)	(5)
被解释变量	Z	Npl	Pvcra	Z	
AR（2）	0.125				
Sargan	0.224				
Hansen	0.539				

注：括号内为 t 值；*、**、***分别代表在 10%、5%、1% 的水平下显著。
资料来源：笔者根据 Stata 回归结果整理所得。

第二，将被解释变量银行风险承担替换为不良贷款率（Npl）和拨备覆盖率（Pvcra），结果分别如表 7.4 中列（2）和列（3）所示，回归结果依旧稳健。

第三，将货币政策变量替换为广义货币增长率（DM2）和再贴现利率（R），结果分别如表 7.4 中列（4）和列（5）所示。数量型货币政策广义货币增长率的系数在 5% 的水平下显著为负，表明宽松型货币政策下银行的风险承担水平会上升，广义货币增长率与宏观审慎指数交互项在 10% 水平下显著，表明数量型货币政策与宏观审慎政策对银行风险承担的作用存在部分抵消。将再贴现利率作为货币政策的代理变量，其结论与基准回归一致。

四、异质性分析

为了研究不同类型宏观审慎政策与货币政策协调搭配的政策效用差异，将宏观审慎政策分为资本型、贷款型、流动型和其他型，回归结果如表 7.5 中列（1）～列（4）所示。信贷型和流动型宏观审慎政策的系数在 1% 的水平下显著为正，与货币政策的交互项系数在 1% 的水平下显著为负，表明信贷型和流动型宏观审慎政策能够降低银行风险承担，并且能够减弱宽松型货币政策对银行风险承担的提升作用。资本型和其他型宏观审慎政策与货币政策交互项的系数显著为正，表明双支柱调控能够有效降低银行风险承担水平并维护银行稳定。从交互项系数大小来看，信贷型宏观审慎政策与货币政策交互项系数最小，而其他型与货币政策交互项系数最大，表明四种宏观审慎政策工具中，信贷型宏观审慎政策与货币政策协调配合的政策效用最小，其他型宏观审慎政策与货币政策协调配合的政策效用最好。

表 7.5　　　　异质性分析

宏观审慎政策类型	(1) Map_ cap	(2) Map_ cre	(3) Map_ liq	(4) Map_ other
LR	-27.711 ** (-2.17)	4.677 (0.41)	36.359 *** (2.67)	-22.099 * (-1.86)
Map_ cap	-124.097 *** (-4.14)			
Map_ cap × LR	23.830 *** (4.15)			
Map_ cre		93.373 *** (4.31)		
Map_ cre × LR		-16.245 *** (-4.27)		
Map_ liq			117.664 *** (3.90)	
Map_ liq × LR			-18.897 *** (-3.91)	
Map_ other				-144.926 *** (-2.96)
Map_ other × LR				32.941 *** (2.99)
lnasset	63.973 *** (3.35)	49.646 *** (3.13)	55.609 *** (3.49)	48.841 *** (2.99)
dep	3.325 *** (3.23)	3.002 *** (2.93)	3.044 *** (3.02)	3.758 *** (3.65)
car	8.438 * (1.78)	7.077 (1.49)	8.342 * (1.76)	8.490 * (1.79)
cir	-3.979 *** (-3.21)	-4.040 *** (-3.22)	-3.356 *** (-2.77)	-3.209 *** (-2.66)
DGDP	14.211 ** (2.43)	1.435 (0.32)	-2.743 (-0.59)	8.423 * (1.92)
CPI	2.680 (0.88)	7.132 ** (2.19)	-1.633 (-0.41)	6.957 ** (2.57)
常数项	-1 698.844 *** (-3.00)	-1 358.629 *** (-2.66)	-1 691.575 *** (-3.29)	-1 373.667 *** (-2.70)

续表

宏观审慎政策类型	(1) Map_ cap	(2) Map_ cre	(3) Map_ liq	(4) Map_ other
观测值	1 244	1 244	1 244	1 244
样本量	125	125	125	125
个体固定效应	YES	YES	YES	YES
R^2	0. 092	0. 098	0. 098	0. 088

注：括号内为 t 值；* 、**、***分别代表在 10%、5%、1% 的水平下显著。
资料来源：笔者根据 Stata 回归结果整理所得。

五、进一步分析

（一）双支柱调控对银行风险承担影响机制检验

为了研究双支柱调控对银行风险承担的影响渠道，本节用中介效应模型对资产收益率的中介作用进行检验，结果如表 7.6 所示。由表 7.6 中列（2）可知，宏观审慎政策指数与一年期贷款基准利率的交互项系数为 -0. 0212，在 1% 的水平下显著，表明宏观审慎政策与宽松型货币政策配合能够提高银行资产收益率。列（3）中资产收益率的系数为 -67. 7692，在 1% 的水平下显著，表明银行资产收益率的提高有助于提高银行稳定性。此外，列（3）中宏观审慎政策指数与一年期贷款基准利率的交互项系数为 -6. 5203，在 1% 的水平下显著，且其绝对值小于列（1）中交互项系数的绝对值。以上结果表明，宏观审慎政策与货币政策双支柱协调搭配能够通过提高银行资产收益率而降低银行风险承担。

表 7.6　　影响机制检验

变量	(1) Z	(2) roa	(3) Z
Map	42. 0372 *** (13. 7338)	0. 1133 *** (0. 0125)	40. 8133 *** (13. 6705)
LR	34. 6803 ** (13. 6506)	0. 2644 *** (0. 0191)	20. 8308 (14. 6387)

续表

变量	(1) Z	(2) roa	(3) Z
Map × LR	-6.8362*** (2.2526)	-0.0212*** (0.0021)	-6.5203*** (2.2451)
roa			67.7692** (28.5213)
lnasset	31.1859* (18.6538)	-0.0670** (0.0302)	34.7565* (18.2762)
car	7.5488 (4.6640)	0.0189** (0.0075)	6.2509 (5.0219)
dep	3.2964*** (1.0060)	-0.0023* (0.0013)	3.3443*** (1.0355)
cir	-3.6221*** (1.2183)	-0.0215*** (0.0037)	-2.0550 (1.3318)
DGDP	-10.5384 (6.8769)	-0.0014 (0.0080)	-12.5162* (6.9366)
CPI	1.5086 (3.3528)	0.0034 (0.0071)	1.9508 (3.3189)
常数项	-1.0e+03* (573.3725)	1.9534** (0.8872)	-1.1e+03* (562.2553)
观测值	1 244	1 334	1 242
个体固定效应	YES	YES	YES
F	12.0239	42.9981	10.7644
adj. R^2	0.0853	0.4557	0.0905

注：括号内为 t 值；*、**、***分别代表在 10%、5%、1% 的水平下显著。
资料来源：笔者根据 Stata 回归结果整理所得。

（二）不同经济周期下双支柱协调搭配的政策效用差异

为了研究考虑经济周期时双支柱协调搭配的政策效用差异，本节参考马勇和姚弛（2017）以及祁敬宇和刘莹（2021）的方法，构建两个经济周期虚拟变量 up 和 down，分别表示经济上行期和经济下行期；接着对 GDP 增长率进行 HP 滤波处理得到周期项，如果周期项大于 0，则 up 取 1，down 取 0；如果周期项小于 0，则 up 取 0，down 取 1。

结果如表7.7所示。第一，在经济上行期，宏观审慎政策和紧缩型货币政策均能降低银行风险承担，并且宏观审慎政策能够减弱宽松型货币政策下银行过度风险承担，双支柱调控有利于提高银行稳定性。第二，在经济下行期，宏观审慎政策与货币政策交互项不显著，表明双支柱协调的政策效果不明显。第三，相对于城市商业银行和农村商业银行，在经济上行期双支柱协调对国有商业银行和股份制商业银行风险承担的效用更加明显。第四，在经济下行期，无论是国有商业银行和股份制商业银行还是城市商业银行和农村商业银行，双支柱调控的政策效用都不显著。

表7.7　不同经济周期下双支柱协调搭配的政策效用差异

变量	(1) 全样本	(2) 国有商业银行和股份制商业银行	(3) 城市商业银行和农村商业银行
Map × up	50.702*** (3.35)	123.033** (2.36)	36.674** (2.32)
LR × up	50.096*** (3.23)	97.077** (2.83)	34.765* (1.98)
Map × up × LR × up	-9.897*** (-3.74)	-23.214** (-2.63)	-7.411*** (-2.64)
Map × down	0.823 (0.04)	7.262 (0.10)	-9.638 (-0.46)
LR × down	30.359** (2.37)	70.728*** (3.06)	17.714 (1.22)
Map × up × LR × up	1.221 (0.36)	2.059 (0.16)	2.574 (0.71)
lnasset	-14.319 (-0.60)	102.177 (1.14)	-19.949 (-0.80)
car	4.684 (1.04)	30.887 (1.67)	1.933 (0.44)
cdb	2.019* (1.91)	2.891 (0.96)	0.998 (0.81)
cir	-4.307*** (-3.57)	7.778 (1.67)	-4.255*** (-3.15)
gdp	-19.762** (-2.10)	-12.268 (-0.33)	-17.150* (-1.66)
cpi	-0.463 (-0.15)	8.256 (1.38)	0.872 (0.20)

续表

变量	(1) 全样本	(2) 国有商业银行和股份制商业银行	(3) 城市商业银行和农村商业银行
常数项	408.801 (0.57)	-3 982.514 (-1.23)	691.923 (0.96)
观测值	1 244	206	1 038
样本量	125	16	109
个体固定效应	YES	YES	YES
R^2	0.119	0.363	0.073

注：括号内为 t 值；*、**、***分别代表在 10%、5%、1% 的水平下显著。
资料来源：笔者根据 Stata 回归结果整理所得。

第三节　小结

本章使用我国 2007～2020 年 130 家商业银行的面板数据，首先，通过实证方法研究了双支柱调控政策对我国商业银行风险承担的作用。宏观审慎政策能够降低宽松型货币政策下银行过度承担风险的激励，有利于银行维持稳定性；并且不同类型的宏观审慎政策工具与货币政策协调的政策效用存在差异。其次，实证分析了双支柱调控框架作用于银行风险承担的机制，验证了资产收益率这一渠道。最后，本章发现，双支柱调控政策在经济上行期的影响更为显著，证实了双支柱调控框架的政策效用在经济周期层面存在非对称性。

第八章　双支柱调控框架对影子银行影响的实证检验

自2008年金融危机发生以来，各国开始加强对影子银行的监管与调控。由于影子银行的高杠杆性、规避监管、创新性和灵活性等特征，传统的微观审慎与货币政策不能对影子银行进行完全有效的监管，这给各国经济稳定带来了巨大隐患，为各国金融监管机构带来了挑战。因此，如何完善现有的经济政策以有效监管影子银行是各国监管机构亟须解决的问题。本章选取2005～2020年我国54家商业银行的年度面板数据，实证检验双支柱调控框架对我国影子银行规模的影响。

第一节　研究假设

前面已经分析各种政策对影子银行的影响机制，本节将以此为基础提出相应的研究假设，为之后实证分析做好准备。

一、货币政策与影子银行

目前有大量的文献支持影子银行受货币政策调控的影响。具体来说，货币政策对影子银行的影响渠道有以下几个方面。第一，从利率角度出发。史焕平和李泽成（2015）、芬克等（Funke et al.，2015）、龚晓丽等（Xiao－Li Gong et al.，2021）认为，货币政策利率的提高会增加影子银行监管套利行为的发生。央行采取提高利率的紧缩型货币政策会大大增加企业融资的成本。而影子银行凭借其灵活性、低成本等特点，吸引企业通过影子银行等外部融资渠道获得资金，促进了影子银行规模的扩大。第二，从资金需求者角度出发。我国目前处于经济转轨期，市场中存在的信贷歧视导致中小企业出现融资难问题，这大大限制了中小企业的发展，而影子银行却在这一时期为中小企业提供了资金支持（Allen et al.，2019），帮助其解决资金难题。第三，从资金供给者角度出发。为了转移风险，银行会在货币政策发生变动时调整自身的表内外业务、同业资产和负债的比例，进而会对影子银行业务规模产生影响。综上所述，当央行采取严格的货币政策时，金融市场借贷成本、借贷难度的提高都会助长影子银行监管套利行为的发生。

除了从理论角度分析货币政策对影子银行的影响效用外，我们还依据现有数据进行了分析：M2 增速是央行评估货币政策的重要指标。本书在此基础上参考王晋斌和李博（2017）的研究，选用 M2 增速作为货币政策的代理变量。除此之外，本书还参考徐明东和陈学彬（2012）的研究，使用 HP 滤波（Hodrick-Prescott Filter）法将 M2 增速中的趋势变化和周期变化划分开来，以便更好地区分货币政策周期。图 8.1 为 2005～2020 年 M2 增速的 HP 滤波图（平滑参数取值为 100）。

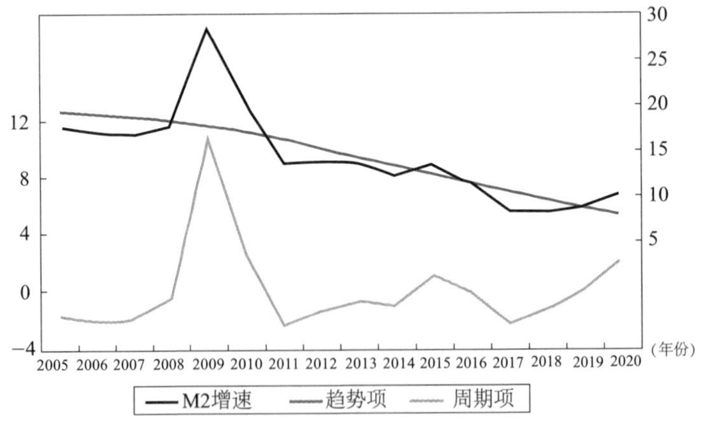

图 8.1　2005～2020 年 M2 增速 HP 滤波图

资料来源：笔者根据 2005～2020 年 M2 增速数据用 EViews 绘制。

根据 HP 滤波图，我们将图 8.1 中 Cycle >0 的年份定义为货币政策宽松年，将 Cycle <0 的年份定义为货币政策紧缩年。据此划分出 2005 ~2020 年间 2009 年、2010 年、2015 年、2019 年、2020 年为货币政策宽松年，其余年份为货币政策紧缩年。

图 8.2 展示了 2005 ~2020 年核心影子银行规模增量变化趋势。可以发现，在大多数货币政策紧缩年影子银行规模的增量都在增加，而在货币政策宽松年，影子银行规模的增量在减小。2018 年由于资管新规的出台，监管范围更广，制定了统一的监管标准，对影子银行规模的无序扩张起到了限制作用，这使得 2018 年核心影子银行规模呈现负增长。

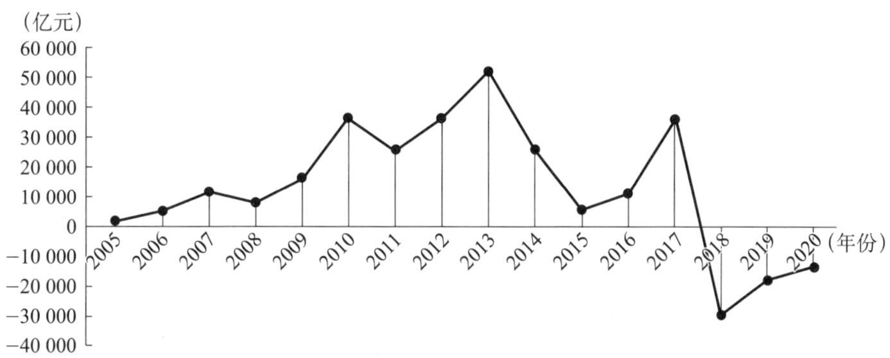

图 8.2 2005 ~2020 年核心影子银行规模增量变化趋势

资料来源：笔者根据中国人民银行官网数据绘制。

根据以上分析，本章提出如下假设。

H8.1：货币政策与影子银行规模呈现负相关（紧缩的货币政策对影子银行规模有促进作用。M2 增速降低表示货币政策更紧缩，影子银行规模扩大）。

二、宏观审慎政策与影子银行

宏观审慎政策通过影响商业银行信贷条件和信贷流动性来对商业银行资产规模产生影响，进而对影子银行产生间接影响。当采取紧缩的宏观审慎政策时，商业银行信贷标准提高，信贷流动性减弱，企业的融资成本提高，此时非银行信贷就会发挥替代作用，助长了影子银行规模的扩大。西塞尔等（Cizel et al.，2019）和伊拉尼等（Irani et al.，2021）的研究结果表明，宏观审慎政策的实施会使非银行信贷产生替代效应，促进影子银行的发展。克莱森斯等（Claessens et al.，2021）通过研究发现，国内净紧缩的宏观审慎政策会导致国内影子银行资产占总金融资产的比重增加。由于国内紧缩的宏观审慎政策导致影子银行规模增加，银行资产减少。同时，由于监管不对称性，陈等（Chen et al.，2018）指出，当正规金融机构受到监管体系的严格监管时，大量非正规资金游离于监管体系之外，促进了信托贷款等影子银行规模的扩大。

根据以上分析，本章提出如下假设。

H8.2：宏观审慎政策与影子银行规模呈现负相关（紧缩的宏观审慎政策会使影子银行规模扩大）。

三、双支柱协调与影子银行

除此之外，我国双支柱调控框架指出，要注重宏观审慎政策和货币政策的协调配合。多种政策协调配合能够有效缓解单一政策调节力度不够或者调节过度的问题。许多国外学者认为，宏观审慎政策的配合能够提高货币政策的调节效果（Angelini et al.，2014；De Paoli and Paustian，2017）。马勇和陈雨露（2013）指出，政策的搭配使用能够有效解决单一政策难以实现多目标的问题，有利于提高金融系统的稳定性。克林格尔霍费尔等（Klingelhöfer et al.，2019）以中国金融市场相关数据为研究对象，通过构建VAR模型进行实证分析。结果显示，通过采取宏观审慎政策，可以有效地消除由于实施宽松的货币政策所积累的金融脆弱性。多种政策协调使用可以使央行同时实现宏观经济目标和金融稳定。蓝天（2020）指出，在经济上行期要协调好货币政策和宏观审慎政策，防止影子银行规模无序扩张。兰晓梅等（2020）、程方楠和孟卫东（2017）指出，单一的政策对影子银行的调控存在限制，而紧缩的宏观审慎政策和货币政策协调大大降低了影子银行的替代作用，政策叠加效果更加明显。根据以上学者的分析得出，宏观审慎政策与货币政策协调使用既能帮助实现既定的经济目标又可以维持金融稳定，二者协调使用能够弥补使用单一政策的局限性。

根据以上分析，本章提出如下假设。

H8.3：宏观审慎政策与货币政策的协调配合在抑制影子银行规模扩张方面有着互补作用。

四、资管新规与影子银行

由图 8.2 可以看出，自 2018 年资管新规正式出台后，影子银行增量由 2017 年的正增长转为 2018 年的负增长，影子银行规模总量呈现出快速下降趋势。这说明，资管新规的出台能有效抑制我国影子银行规模的增长，然而这只是从数据上进行说明，缺乏说服力。从实证分析方面，杜威望（2020）采用 30 个省份影子银行 2014 ~ 2019 年面板数据进行研究，指出资管新规的实施对省域影子银行有显著的抑制作用，这种效用随着货币政策变宽松而弱化。彭宇超和何山（2020）指出，资管新规的出台提高了参与影子银行的门槛，同时降低了影子银行的预期收益，从而大大降低了企业参与影子银行的动机，对影子银行规模扩张起到了抑制作用。蒋敏等（2020）和易炜豪（2021）指出，资管新规出台后，影子银行规模减小导致企业融资约束和企业融资成本提高。

根据以上分析，本章提出如下假设。

H8.4：资管新规的出台能有效抑制影子银行规模的扩张。

第二节　模型构建、变量选取与数据来源

一、模型构建

在研究资管新规出台对影子银行的影响时，资管新规作为一种外部冲击具有外生性，也通过了平稳性检验，符合双重差分模型的要求。在区分实验组和对照组时，由于资管新规的监管对象针对所有金融机构和企业，监管覆盖面广，监管标准统一。因此，本章在选取对照组时无法将不受资管新规影响的金融机构或企业作为对照组。借鉴杨筝等（2019）和易炜豪（2021）的方法，按照企业产权对我国商业银行进行划分。由于国有银行和

非国有银行的融资难易程度不同，对影子银行的依赖程度不同，因而受到资管新规监管约束程度的大小也就不同。资管新规对非国有银行的监管约束要大于对国有行的监管约束。

在构建双重差分模型时，首先要设置如下两个虚拟变量。（1）时间虚拟变量 post。将资管新规出台（2018 年）后的年份即 2019 年、2020 年 post 设为 1；考虑到时间区间对称性，我们将政策实施前的两年即 2016 年、2017 年 post 设为 0。（2）个体虚拟变量 treat。因为非国有行受资管新规影响较大，所以将非国有行设为实验组，treat = 1；国有行设为对照组，treat =0。时间虚拟变量和个体虚拟变量的交互项“post × treat”用来衡量资管新规出台带来的净效应，该交互项即为本章构建的双重差分项 did。

基于 H8. 1，构建以下模型：

$$Shadow_{i,t} = \alpha_0 + \beta_1 M2_t + \beta_2 LDC_{i,t} + \beta_3 ROA_{i,t} + \beta_4 NIM_{i,t} + \beta_5 CCAR_{i,t} + \beta_6 NPL_{i,t} + \beta_7 DAR_{i,t} + u_i + v_t + \varepsilon_{i,t} \tag{8.1}$$

基于 H8. 2，构建以下模型：

$$Shadow_{i,t} = \alpha_0 + \beta_1 MAP_t + \beta_2 LDC_{i,t} + \beta_3 ROA_{i,t} + \beta_4 NIM_{i,t} + \beta_5 CCAR_{i,t} + \beta_6 NPL_{i,t} + \beta_7 DAR_{i,t} + u_i + v_t + \varepsilon_{i,t} \tag{8.2}$$

基于 H8. 3，构建以下模型：

$$Shadow_{i,t} = \alpha_0 + \beta_1 dumi_t \times MAPj_t + \beta_2 LDC_{i,t} + \beta_3 ROA_{i,t} + \beta_4 NIM_{i,t} + \beta_5 CCAR_{i,t} + \beta_6 NPL_{i,t} + \beta_7 DAR_{i,t} + u_i + v_t + \varepsilon_{i,t} \tag{8.3}$$

基于 H8. 4，构建以下模型：

$$Shadow_{i,t} = \alpha_0 + \beta_1 did_t + \beta_2 LDC_{i,t} + \beta_3 ROA_{i,t} + \beta_4 NIM_{i,t} + \beta_5 CCAR_{i,t} + \beta_6 NPL_{i,t} + \beta_7 DAR_{i,t} + u_i + v_t + \varepsilon_{i,t} \tag{8.4}$$

二、变量选取

（一）影子银行规模

参考黄志刚等（2019）的研究，根据数据可得性，本章选取 2005 ~ 2020 年 54 家上市商业银行的影子银行业务作为其影子银行规模的代理变量。商业银行影子银行业务 =（买入返售金融资产 + 应收账款类投资）/总资产。

（二）货币政策

参考王晋斌和李博（2017）、杜勇等（2017）、傅代国和杨昌安（2019）的研究，本章选用 M2 增速作为货币政策的代理变量。M2 增速作为央行评估货币政策的一个重要指标，反映央行货币供应量的多少。M2 增速越大，表示央行货币供应量增长得越快，此时实施的是宽松的货币政策；反之，M2 增速越小，央行货币供应量越少，此时实施的是紧缩的货币政策。

（三）宏观审慎政策

本章在进行实证分析时选取的宏观审慎政策代理变量是根据 IMF 构建的 iMaPP 数据库构建的，该数据库涵盖了 17 种宏观审慎政策的实施情况，具体包括逆周期资本缓冲（CCB）、储备资本缓冲（Conservation）、资本准备金要求（Capital）、杠杆率限制（LVR）、贷款损失准备金（LLP）、信贷增长限制（LCG）、贷款限制（LoanR）、外汇贷款限制（LFC）、贷款价值比（LTV）、债务收入比（DSTI）、税收（Tax）、流动性要求（Liquidity）、贷存比限制（LTD）、外汇头寸限制（LFX）、准备金要求（RR）、减轻系统重要性银行风险的相关措施（SIFI）和其他措施。在构建宏观审慎指标 MAP 时，对于一种指定的宏观审慎政策，若实施该政策则定为 1，若没有实施则为 0。MAPT 表示一年内采取的所有紧缩的宏观审慎政策数值之和；MAPE 表示一年内采取的所有宽松的宏观审慎政策数值之和。MAP = MAPT − MAPE，表示净紧缩的宏观审慎政策。

（四）双支柱调控框架

在研究双支柱协调框架对影子银行规模的影响时，为了区分不同货币政策，分别构建宽松型货币政策虚拟变量（dum1）和紧缩型货币政策虚拟变量（dum2）。具体设置为：当货币政策宽松时，dum1 取值为 1，dum2 取值为 0；当货币政策紧缩时，dum1 取值为 0，dum2 取值为 1。根据 M2 增速的 HP 滤波图，如图 8.1 所示，划分出 2005～2020 年间 2009 年、2010 年、2015 年、2019 年、2020 年为货币政策宽松年，其余年份为货币政策紧缩年。在构建得到货币政策的虚拟变量后，在此基础上构建货币政策与宏观审慎政策的交互项即 dum1 × MAPE、dum1 × MAPT、dum2 × MAPT、dum2 × MAPE，将交互项作为解释变量来分析双支柱调节对影子银行的影响效用。宏观审慎政策与货币政策交互项含义如表 8.1 所示。

表 8.1　宏观审慎政策与货币政策交互项含义

变量	含义
dum1 × MAPE	宽松的货币政策、宽松的宏观审慎政策
dum1 × MAPT	宽松的货币政策、紧缩的宏观审慎政策
dum2 × MAPT	紧缩的货币政策、紧缩的宏观审慎政策
dum2 × MAPE	紧缩的货币政策、宽松的宏观审慎政策

资料来源：本表由笔者整理得到。

（五）控制变量

本章在进行实证分析时，影子银行的代理变量选取的是商业银行的影子银行相关业务规模。因此，在选取控制变量时，要考虑银行自身的财务状况对实证结果的影响。本章参考雷蕾等（2021）的研究，并在此基础上进行扩展，选取了以下控制变量，如表 8.2 所示。

表 8.2　模型控制变量的选取

变量名称	符号	计算方法
存贷比增量	LDC	本期存贷比 - 上期存贷比
资产回报率	ROA	净利润/总资产 × 100%
净利差	NIM	净利息收入/生息资产规模 × 100%
核心资本充足率	CCAR	核心资本总额/加权风险资产总额 × 100%
不良贷款率	NPL	不良贷款率 = （次级类贷款 + 可疑类贷款 + 损失类贷款）/各项贷款 × 100%
资产负债率	DAR	总负债/总资产 × 100%

资料来源：Wind 数据库和各银行年报。

三、数据来源

本章主要研究的是各种政策——宏观审慎政策、货币政策和资管新规的出台对影子银行的影响，参考黄志刚等（2019），根据数据可得性，本章选取 2005～2020 年 54 家上市商业银行作为研究样本。宏观层面影子银行相关数据来自中国人民银行公布的 2005～2020 年社会融资规模中核心影子银行相关数据。微观层面影子银行数据来自 Wind 数据库和各银行年报。宏观审慎政策来自国际货币基金组织（IMF）构建的 iMaPP 数据库。货币政策相关数据 M2 增速以及法定准备金率来自国家统计局官网。

第三节　实证回归结果

一、描述性统计分析

在进行实证分析时，本章选用 2005～2020 年 54 家上市商业银行的影子银行业务规模作为影子银行的代理变量，其中包括 6 家国有商业银行、10 家股份制商业银行、28 家城市商业银行和 10 家农村商业银行。表 8.3 为 2005～2020 年样本商业银行影子银行规模描述性统计，图 8.3 为 2005～2020 年样本商业银行影子银行规模的变化趋势。从表 8.3 和图 8.3 中可以看出，我国商业银行影子银行业务规模均值在 2018 年前总体上呈现上升趋势，2018 年由于资管新规的出台，影子银行规模呈现出明显的下降趋势。影子银行规模标准差在 2008 年之后开始逐渐上升，直到 2018 年才开始下降。除此之外，影子银行规模的最大值、最小值和中位数都在 2018 年出现断层式下降并在 2018 年之后仍然呈现下降趋势，这说明资管新规的出台确实有效抑制了影子银行规模的扩张。

表 8.3　2005～2020 年商业银行影子银行业务规模描述性统计

年份	银行数量	均值	标准差	最小值	最大值	中位数
2005	27	5.029	5.583	0	26.35	3.898
2006	36	5.244	5.092	0	24.45	4.368
2007	42	7.432	5.844	0	22.44	6.857
2008	43	7.317	5.045	0	18.5	6.846

续表

年份	银行数量	均值	标准差	最小值	最大值	中位数
2009	44	9.088	6.708	0	24.98	8.311
2010	47	13.15	9.636	0	44.15	10.422
2011	50	10.28	8.651	0	35.33	8.008
2012	51	13.29	10.91	0	46.81	10.746
2013	52	16.67	11.54	0	47.3	16.564
2014	53	18.35	11.68	0	45.18	19.064
2015	54	21.18	12.82	1.326	46.56	21.980
2016	54	19.32	12.39	0.123	52.25	17.292
2017	54	18.62	10.72	0.669	47.96	17.391
2018	54	6.505	6.842	0	23.67	4.033
2019	54	1.912	2.639	0	15.44	1.188
2020	54	1.815	1.913	0	8.133	1.270

资料来源：原始数据来自 Wind 数据库和各银行年报，笔者用 Stata 和 Excel 处理得到。

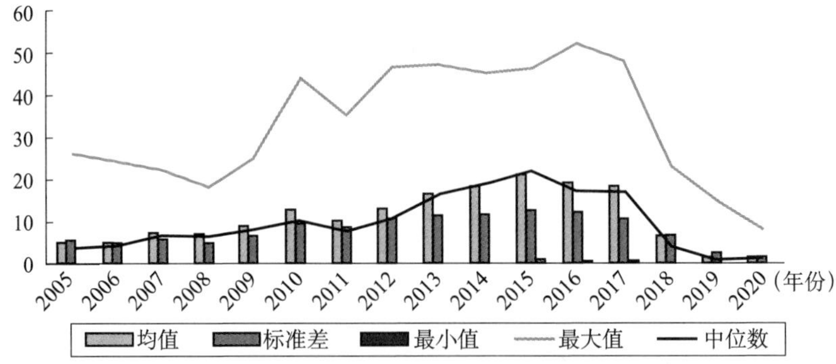

图 8.3　2005～2020 年商业银行影子银行业务规模变化趋势

资料来源：原始数据来自 Wind 数据库和各银行年报，笔者用 Stata 和 Excel 处理得到。

二、回归分析

（一）货币政策对影子银行的影响

从表 8.4 的实证结果可以得出：第一，在总样本和农村商业银行与城市商业银行的样本中，M2 增速的系数在 1% 的水平下显著为负，表明 M2 增速与影子银行规模负相关。M2 增速越大意味着货币政策越宽松，影子银行规模越小，这也验证了 H8.1，即货币政策与影子银行规模负相关。第二，当采取紧缩型货币政策时，中小企业融资成本和融资难度提高，这些企业会通过影子银行获得所需资金，进而会增大商业银行的影子银行业务规模。第三，在总样本和分样本中，资产回报率的系数在 1% 的水平下显著为正，表明资产回报率越高，企业的利润越高，经营状况越好，可用于影子银行业务的资金就越多。第四，在总样本和国有行与股份制银行的样本中，存贷比增量的系数在 1% 的水平下显著为负，表明商业银行存贷比增量越高，银行受到的监管约束越小，放贷空间越大，可用于影子银行业务的资金就越多。第五，从上述回归结果来看，固定效应回归比随机效应回归的效果好，这与 Hausman 检验结果相一致。

表 8.4　　货币政策对商业银行影子业务规模影响的实证结果

变量	（1）总样本		（2）国有商业银行 + 股份制商业银行		（3）农村商业银行 + 城市商业银行	
	固定效应	随机效应	固定效应	随机效应	固定效应	随机效应
M2	−0.611 *** (0.0866)	−0.609 *** (0.0858)	−0.173 (0.1278)	−0.283 *** (0.1240)	−0.777 *** (0.1180)	0.768 *** (0.1173)
LDC	0.154 *** (0.0683)	0.152 *** (0.0678)	0.370 *** (0.1110)	0.386 *** (0.1123)	0.041 (0.0831)	0.038 (0.0823)
ROA	4.749 *** (1.6621)	3.390 *** (1.5962)	14.231 *** (3.3324)	10.914 *** (3.0251)	5.116 *** (1.9555)	3.815 *** (1.8984)
NIM	0.002 (0.0866)	0.026 (0.0863)	−8.208 *** (1.5649)	−8.071 *** (1.5465)	0.004 (0.0914)	0.028 (0.0912)
CCAR	0.513 * (0.3084)	0.439 (0.2935)	2.683 *** (0.6496)	1.947 *** (0.5981)	0.290 (0.3606)	0.250 (0.3476)
NPL	−1.507 *** (0.4594)	−1.602 *** (0.4440)	0.254 (0.6559)	−0.653 (0.6161)	−1.557 *** (0.6099)	−1.581 *** (0.5885)
DAR	2.509 *** (0.4609)	2.383 *** (0.4309)	4.836 *** (0.7619)	4.815 *** (0.7151)	1.779 *** (0.5643)	1.715 *** (0.5273)
_cons	−221.53 ** (44.4971)	−206.93 *** (41.7808)	−460.51 *** (74.6734)	−445.68 *** (70.1733)	−148.50 *** (54.5263)	−140.45 *** (50.9969)
N	637	637	217	217	420	420

续表

变量	（1）总样本		（2）国有商业银行+股份制商业银行		（3）农村商业银行+城市商业银行	
	固定效应	随机效应	固定效应	随机效应	固定效应	随机效应
R^2	0.1398	0.1137	0.3103	0.2784	0.1679	0.1087
Hausma 检验	P 值 =0.0145		P 值 =0.0022		P 值 =0.0484	

注：括号内为 t 值；*、**、***分别表示在 10%、5%、1% 的水平下显著。
资料来源：笔者根据 Stata 回归结果整理所得。

（二）宏观审慎政策对影子银行的影响

根据表 8.5 的实证结果可以得出：第一，紧缩型宏观审慎政策和宽松型宏观审慎政策对国有商业银行和股份制商业银行的影响效用要显著大于对农村商业银行和城市商业银行的影响效用（0.356 >0.225，|-1.800| >|-1.381|）。而净紧缩的宏观审慎政策对农村商业银行和城市商业银行的影响效用大于对国有商业银行和股份制商业银行的影响效用。这表明，不同的宏观审慎政策对不同类型银行的影响效用不同。第二，国有商业银行和股份制商业银行核心资本充足率的系数显著为正，而农村商业银行和城市商业银行的该系数为负。这表明大型商业银行核心资本充足率越高，越有可能发展影子银行业务，而小型商业银行随着核心资本充足率的提高反而会降低本行的影子银行业务。第三，对于农村商业银行和城市商业银行来说，净紧缩的宏观审慎政策比紧缩的宏观审慎政策影响效用大。而国有商业银行和股份制商业银行没有显现出此特征。

表 8.5　宏观审慎政策对商业银行影子业务规模的影响

变量	国有商业银行+股份制商业银行			农村商业银行+城市商业银行		
	（1）	（2）	（3）	（1）	（2）	（3）
MAPT	0.356*** （0.131）			0.225** （0.137）		
MAPE		-1.800*** （0.307）			-1.381*** （0.345）	
MAP1			0.158 （0.124）			0.374*** （0.135）
LDC	0.324*** （0.111）	0.301*** （0.103）	378*** （0.113）	0.030 （0.087）	0.050 （0.086）	0.105 （0.086）

续表

变量	国有商业银行 + 股份制商业银行			农村商业银行 + 城市商业银行		
	(1)	(2)	(3)	(1)	(2)	(3)
ROA	12.682 *** (3.449)	12.383 *** (3.216)	14.484 *** (3.315)	-2.321 (2.027)	-2.736 (1.985)	1.686 (2.034)
NIM	-9.146 *** (1.603)	-8.546 *** (1.463)	-8.931 *** (1.550)	0.052 (0.090)	0.004 (0.089)	0.051 (0.096)
CCAR	1.723 * (0.679)	1.618 *** (0.630)	2.482 *** (0.659)	-1.394 *** (0.353)	-1.395 *** (0.338)	-0.937 *** (0.355)
NPL	0.545 (0.621)	0.639 (0.580)	0.471 (0.633)	-2.767 *** (0.599)	-3.173 *** (0.599)	-2.409 * (0.625)
DAR	2.841 *** (0.784)	2.724 *** (0.724)	4.110 *** (0.711)	-1.034 ** (0.578)	-1.053 * (0.559)	0.002 (0.566)
_cons	-265.14 *** (78.356)	-254.82 *** (72.321)	-392.543 *** (71.113)	130.16 *** (56.185)	132.29 *** (54.512)	23.268 (54.836)
N	217	217	217	420	420	420
R^2	0.2380	0.2621	0.3096	0.1040	0.1376	0.0902

注：括号内为 t 值；*、**、***分别表示在 10%、5%、1% 的水平下显著。
资料来源：笔者根据 Stata 回归结果整理所得。

（三）双支柱协调框架对影子银行的影响

根据表 8.6 的结果分析可以得出，四个回归中只有当宏观审慎政策和货币政策都紧缩时，系数才为正，即只有当两种政策都紧缩时，影子银行规模才会增加。而前面的分析表明，单独使用紧缩的货币政策或单独使用紧缩的宏观审慎政策都会导致影子银行规模增加。这一点就显示出了政策协调使用的优越性，能够减小单一政策使用的局限性。当货币政策紧缩时，采取宽松的宏观审慎监管能够减少商业银行的资金流向表外业务，抵消了因紧缩的货币政策导致的影子银行规模的扩大。此外，当宏观审慎政策紧缩时，采取宽松的货币政策可以有效缓解中小企业融资难、融资成本高的问题，进而能够有效阻止影子银行规模的扩大。

表 8.6　货币政策与宏观审慎政策协调对商业银行影子业务规模的影响

变量	(1)	(2)	(3)	(4)
dum1 × MAPE	-0.985* (0.578)			
dum1 × MAPT		-0.231** (0.113)		
dum2 × MAPT			0.341*** (0.093)	
dum2 × MAPE				-1.106*** (0.237)
LDC	0.123 (0.072)	0.090 (0.072)	0.089 (0.071)	0.122 (0.069)
ROA	-5.889 (1.730)	-0.973 (1.730)	-1.690 (1.731)	-2.563 (1.644)
NIM	0.021 (0.085)	0.028 (0.085)	0.046 (0.085)	0.023 (0.083)
CCAR	-0.915*** (0.301)	-0.814*** (0.302)	0.995*** (0.299)	-0.921*** (0.285)
NPL	-1.943*** (0.456)	-2.090*** (0.458)	-2.228*** (0.456)	-2.350*** (0.436)
DAR	-0.447 (0.446)	-0.255 (0.448)	-0.550 (0.443)	-0.411 (0.413)
_cons	67.363 (43.667)	49.686 (43.855)	78.183* (43.348)	66.582* (40.529)
N	584	584	584	584
R^2	0.1040	0.1218	0.1092	0.1035

注：括号内为 t 值；*、**、***分别表示在 10%、5%、1% 的水平下显著。
资料来源：笔者根据 Stata 回归结果整理所得。

以上结果表明，宏观审慎政策与货币政策的协调配合在抑制影子银行规模扩张方面有着互补作用，这也验证了 H8.3。政策的搭配使用能有效缓解单一政策过度调控和调控不足的问题。

（四）资管新规出台对影子银行的影响

本章在研究资管新规出台对影子银行的影响时，采用双重差分法 DID 进行分析。由于资管新规在 2018 年出台，为了确保政策实施前后的时间区间的对称性，本章在构建双重差分模型时选取政策实施前后的两年（政策实施前：2016 年、2017 年；政策实施后：2019 年、2020 年），以此来对比政策实施前后影子银行规模的变化。在进行双重差分回归之前，先进行平稳性检验。表 8.7 展示了平稳性检验的回归结果，可以发现，在资管新规出台前，Before1 和 Before2 的系数不显著，这表明在资管新规出台之前，实验组和对照组之间不存在显著差异，平稳趋势检验通过。

表 8.7　　平稳趋势检验结果

变量	系数
Before2	1.0376 (2.2132)
Before1	3.0010 (2.2040)
LDC	0.1187 ** (0.0575)
ROA	2.3088 (1.5963)
NIM	-0.0259 (0.0704)
CCAR	0.0521 (0.2826)
NPL	-1.2589 *** (0.4323)
DAR	1.1549 *** (0.4646)
时间固定效应	YES
个体固定效应	YES
_cons	-103.0298 *** (46.5906)
N	637
R^2	0.4705

注：括号内为 t 值；**、***分别表示在 5%、1% 的水平下显著。
资料来源：笔者根据 Stata 回归结果整理所得。

表 8.8 展示了资管新规的出台对影子银行影响的实证结果。由表 8.8 可知，无论是采用随机效应模型还是固定效应模型，双重差分项资管新规出台（did）的系数在 1% 的水平下都显著为负，这表明资管新规的出台显著降低了影子银行规模，验证了 H4，即资管新规的出台（did）能有效抑制影子银行规模的扩张。

表 8.8　　　　did 对影子银行影响的实证结果

变量	随机效应	固定效应
did	-7.2834 *** (1.1910)	-7.9639 *** (1.1991)
LDC	0.2570 *** (0.0690)	0.2493 *** (0.0687)
ROA	-2.3392 (1.7112)	-0.7747 (1.7738)
NIM	0.0506 (0.0877)	0.0183 (0.0870)
CCAR	-0.9349 *** (0.3015)	-1.08587 *** (0.3158)
NPL	-2.1313 *** (0.4477)	-1.9692 *** (0.4608)
DAR	-0.4491 (0.4511)	-0.7260 (0.4828)
_cons	70.0800 (44.641)	96.1990 *** (47.665)
N	637	637
R^2	0.0890	0.1319
Hausman 检验	P 值 =0.000	

注：括号内为 t 值；***表示在 1% 的水平下显著。
资料来源：笔者根据 Stata 回归结果整理所得。

三、稳健性检验

为了验证研究结论的可靠性，本节从以下两个方面进行稳健性检验。

其一，选取宏观审慎政策和货币政策的替代变量进行回归。为了避免指标构建产生的误差，选取切鲁蒂等（2015）构建的 MPI 指标作为宏观审慎政策的替代变量，该指标衡量的是 2000～2013 年 119 个国家 12 种宏观审慎政策的实施情况。在研究货币政策周期时，考虑将法定准备金率作为货币政策的代理变量，法定准备金率提高代表货币政策收紧，回归结果如表 8.9 所示。回归结果表明，宏观审慎政策与影子银行规模负相关；法定准备金率越高即货币政策越紧时，影子银行规模越大，这也验证了 H8.1、H8.2。

表 8.9　　**MPI 和 LRR 对影子银行的影响**

变量	总样本		国有商业银行 + 股份制商业银行		农村商业银行 + 城市商业银行	
	(1)	(4)	(2)	(5)	(3)	(6)
MPI	1.523 *** (0.3131)		0.730 * (0.4925)		2.284 *** (0.4103)	
LRR		1.306 *** (0.1464)		1.364 *** (0.2409)		1.350 *** (0.1985)
LDC	-0.057 (0.0772)	0.210 *** (0.066)	-0.075 (0.1274)	0.344 *** (0.1033)	-0.104 (0.0976)	0.1237 (0.0821)
ROA	-0.932 (2.0910)	-3.191 * (1.6457)	-2.347 (3.1995)	-1.352 (4.1980)	0.524 (0.5848)	-1.379 (2.000)
NIM	0.001 (0.3602)	-0.046 (0.084)	0.603 (1.9061)	-5.735 *** (1.5153)	-0.0317 (0.0627)	-0.0793 (0.0922)
CCAR	-0.196 (0.3602)	-0.559 ** (0.274)	1.358 * (0.7636)	2.196 *** (0.6083)	-0.160 (0.3891)	-1.082 *** (0.3325)
NPL	-1.056 ** (0.3728)	-0.579 (0.457)	-1.200 ** (0.5234)	2.039 *** (0.6496)	1.115 *** (0.4971)	-1.332 ** (0.6144)
DAR	-0.011 *** (0.6460)	0.256 (0.3841)	2.155 * (1.2090)	3.305 *** (0.6604)	0.200 (0.7123)	-0.6080 (0.5423)
_cons	5.972 *** (64.883)	-23.206 (37.145)	-206.828 * (121.925)	-330.274 *** (65.202)	-20.992 (71.764)	61.597 (51.756)
N	290	637	106	217	169	420
R^2	0.2249	0.1562	0.1964	0.2886	0.3482	0.1737
Hausman 检验	P=0.0016	P=0.1226	P=0.0837	P=0.0229	P=0.0066	P=0.0176

注：括号内为 t 值；*、**、***分别表示在 10%、5%、1% 的水平下显著。

资料来源：笔者根据 Stata 回归结果整理所得。

其二，采用广义矩估计 GMM 对基准模型进行回归。根据表 8.10 的回归结果可知，M2 增速和法定准备金率 LRR 作为货币政策代理变量时，代表的方向有所不同，M2 增速越大代表货币政策越宽松，而 LRR 越大代表货币政策越紧缩。因此，M2 和 LRR 前的系数相反，但二者都表示的是紧缩的货币政策促进了影子银行规模的扩大，这能够验证 H8.1。作为宏观审慎政策代理变量的 MAP 和 MPI，这两个指数越大代表宏观审慎政策越紧缩。根据表 8.10 的回归结果可知，这两种宏观审慎指数都与影子银行规模负相关，即紧缩的宏观审慎政策促进了影子银行规模的扩大，这也验证了 H8.2。did 代表资管新规出台后对影子银行的影响效用。从表 8.10 中可以得出，did 的系数显著为负，表明资管新规出台后能有效抑制影子银行规模的扩张。这也验证了 H8. 4。

表 8. 10　　对基准模型进行广义矩估计的回归结果

变量	货币政策		宏观审慎政策		资管新规
	(1)	(2)	(3)	(4)	(5)
M2	−0. 272 ** (0. 127)				
LRR		0. 742 *** (0. 247)			
MAP1			0. 293 * (0. 150)		
MPI				1. 111 ** (0. 489)	
did					−7. 661 *** (1. 376)
L. shadow	0. 723 *** (0. 0690)	0. 711 *** (0. 0324)	0. 949 *** (0. 0826)		0. 710 *** (0. 0291)
LDC	−1. 207 *** (0. 164)	−0. 663 *** (0. 114)	−0. 408 ** (0. 175)	−0. 628 ** (0. 264)	−0. 555 *** (0. 115)
ROA	7. 439 (4. 654)	−1. 578 (3. 813)	4. 607 (3. 932)	−2. 573 (6. 076)	−5. 550 * (2. 915)
NIM	−1. 381 (1. 729)	−1. 060 (1. 038)	1. 225 (1. 240)	−1. 563 (1. 910)	−0. 322 (0. 759)
CCAR	−0. 681 (0. 802)	−0. 0770 (0. 673)	0. 974 (0. 752)	1. 501 (1. 069)	−0. 593 (0. 725)
NPL	1. 457 (2. 055)	0. 593 (1. 195)	0. 0788 (2. 385)	−1. 191 (1. 035)	−1. 525 (0. 986)
DAR	2. 026 (1. 219)	1. 277 * (0. 681)	1. 515 ** (0. 693)	2. 695 (1. 818)	−0. 00664 (0. 954)
_cons	−179. 9 (116. 3)	−123. 7 * (65. 70)	−159. 0 ** (65. 35)	−262. 1 (180. 0)	20. 70 (93. 16)
N	637	637	607	275	637
R^2					

注：括号内为 t 值；*、**、***分别表示在 10%、5%、1% 的水平下显著。
资料来源：笔者根据 Stata 回归结果整理所得。

使用上述方法进行的稳健性检验与前面的研究结果保持一致，表明本章的研究结果具有较强的稳健性。

第四节　小结

本章首先以 2005～2020 年 54 家上市商业银行影子银行业务规模为研究对象，研究货币政策、宏观审慎政策、双支柱协调以及资管新规出台对影子银行的影响；其次通过对样本进行划分来分析经济政策对不同类型商业银行影子银行业务的异质性影响；再次采用双重差分法对比得出资管新规出台对影子银行的显著抑制作用；最后通过替换变量和采用广义矩估计 GMM 的方法证明了研究结果的可靠性。

第九章　央行独立性与金融稳定性实证研究

作为货币政策和宏观审慎政策的实施主体，央行能够有效统筹两种政策，还能利用其独立性优势，保证双支柱调控框架的有效落实，达到维护金融稳定的目标。为了研究宏观审慎介入以及央行独立性（CBI）与金融稳定性的关系，本章构建央行独立性指数和金融稳定指数，在确定传导渠道和中介变量之后，建立一元并行多重中介效应模型，随后对总体中介效应以及各个路径的中介效应进行检验，并对各个显著性路径的贡献程度展开分析。

第一节　央行独立性和金融稳定指数的构建

一、央行独立性指数的构建

（一）测度方法选择

根据国内外研究，央行独立性数据的测度方法主要有 DF（Debelle. G and Fischer）、BP（Bade－Parki）、GMT（Grilli，Masciandaro and Tabellini）、CWN（Cukierman，Webb and Neyapti）、LS（Loungani and Sheet）、MA（Maliszewski）法等，不同的方法适用于不同的国家，其中国内学者广泛认为 LS 法最适合用于经济转轨时期的国家，如中国（张旭，2018；陈丹，2018；纪晴，2019；任碧云，2011；黄蓓，2012）。另外，一些研究也认

为 MA 和 CWN 法适合发展中国家（谭燕，2008）。还有一部分学者采取的策略是依据我国实情，将几种测度体系进行综合改进，形成一套合成体系，其中较具代表性的是黄蓓（2012）的研究。黄蓓（2012）基于我国实际情况，将 CWN、LS 和 MA 体系进行了综合修改，克服了 CWN 指标过于简单、LS 指标主观性太强的缺点，并结合了 MA 指标中的部分内容，形成一套具有 20 条测度条款的独立性测度体系，并给出了 1978 ~2009 年的央行独立性数据。

本书使用的是黄蓓（2012）的测度方法，具体步骤是：根据 20 条测度条款，每条测度条款下给出相应的评分标准，分别赋值 0 ~1 的数值。例如，条款 1 中，给出了 3 条评分细则，分数分别是 0、0. 5、1. 0；条款 3 中，给出的是 4 条评分细则，分数分别是 0、0. 33、0. 67、1. 0；其他条款的分数设置也是同样的方式。最后，将各条款的分数进行汇总，为了使数据变化更加明显，没有采取权重法进行合成。

（二）测度条款、评分依据及合成结果

1. 测度条款和评分细则

本书在黄蓓（2012）的测度体系上，依据中国人民银行、国务院发布的法律法规文件，重新按照条款进行了评分依据以及数据的更新。另外，本书基于我国实情，修改了部分条款（具体修改内容可见评分依据），最大的创新之处是没有单方面考虑法律或制度规定，而是尽可能地从央行的实际做法出发寻找证据。由于在诸多细小层面上，法律仅是一种参考和约束，法律规定与实际行为之间存在误差。

具体条款内容如表 9. 1 所示，其中测度条款 1 ~10、12 描述的是经济独立性，13 描述的是目标独立性，11、14 ~20 描述的是政治独立性。

表 9. 1　　央行独立性测度条款和评分细则

测度条款	评分细则
1. 直接的信用工具是否为分摊商业金融机构的风险	否 1
	无明确规定 0. 5
	是 0

续表

测度条款	评分细则
2. 直接信用工具的利率选择	≥市场利率 1
	<市场利率 0.5
3. 直接信用工具的借贷期限	6 个月内 1
	6 个月到 1 年 0.67
	大于 1 年 0.33
	央行无规定 0
4. 央行对政府直接融资的法律限制	有法律限制 1
	无法律限制 0.5
5. 央行对政府直接融资	央行不可以对政府直接融资 1
	央行可以对政府直接融资 0.5
6. 央行是否参与一级市场	否 1
	部分参与 0.5
	直接参与一级市场 0
7. 贴现率是否由央行决定	由央行单独决定 1
	由央行和其他部门协商决定 0.5
	央行不能决定 0
8. 公开市场业务	央行自主操作公开市场业务 1
	央行操作公开市场业务需要与其他部门协调 0.5
	无公开市场业务 0
9. 法定准备金率	央行自主决定 1
	央行与其他部门协商决定 0.5
	无法定准备金或央行无法决定 0
10. 对金融机构的监管	央行不涉及所有金融机构的监管 1
	央行只对银行机构监管 0.5
	央行对所有金融机构监管 0
11. 政府代表在货币政策委员会中的权限	无政府代表或政府代表无投票权 1
	有投票权无否决权 0.67
	有投票权有否决权 0.33
	无货币政策委员会 0

续表

测度条款	评分细则
12. 货币政策的决定权	央行单独决定 1
	与政府协商决定 0.67
	政府向央行咨询 0.33
	政府单独决定 0
13. 货币政策目标	币值稳定是唯一目标 1
	币值稳定是所有目标中的一个 0.67
	没有规定 0.33
	法律规定的目标中无币值稳定 0
14. 法律规定的目标中无币值稳定	央行最终决策 1
	立法机构最终决策 0.67
	行政机构最终决策 0.33
	由行政机构无条件决策 0
15. 央行行长的任命	央行理事会 1
	综合委员会 0.75
	立法机关 0.5
	行政机关 0.25
	行政首脑 0
16. 央行官员的任期	≥5 年 1
	<5 年 0
17. 行长的解职条款	不能解职 1
	非工作原因不能解职 0.83
	央行理事会决定 0.67
	立法机关决定 0.5
	立法机关无条件决定 0.33
	行政机关决定 0.17
	行政机关无条件决定 0
18. 央行行长的履历背景	任行长前主要从事经济工作有专业知识 1
	任行长前从事过经济工作 0.5
	任行长前从事其他工作 0

续表

测度条款	评分细则
19. 货币政策委员会中由政府任命的委员比例	<2/11
	≤1/2 且 <2/30.50.5
	≥2/300
20. 货币政策委员会主席任期	≥5 年 1
	<5 年 0.5
	<5 年 0

资料来源：笔者根据黄蓓（2012）的研究整理所得。

结合上述给定的 20 个条款，本章给出 20 条评分依据，与条款内容一一对应，详见附录 1。

2. 合成结果

央行独立性的测算结果汇总如表 9.2 所示。

表 9.2　　央行独立性指数

年份	指数	年份	指数
2000	12.94	2010	15.81
2001	12.94	2011	15.48
2002	13.44	2012	15.48
2003	13.28	2013	15.81
2004	14.71	2014	15.81
2005	13.98	2015	15.81
2006	13.98	2016	16.14
2007	14.31	2017	16.14
2008	14.31	2018	15.81
2009	14.31	2019	15.81

资料来源：笔者根据表 9.1 整理所得。

央行独立性走势如图 9.1 所示，可以看出，我国央行的独立性程度一直处于上升状态，尤其是 2004 ~ 2005 年以及 2010 ~ 2011 年上升幅度较大。2004 年上升原因是央行经济独立性的加强，放开了证券业和保险业监管；2010 年上升原因是央行政治、经济独立性的同时加强，农村信用社改革取得阶段性成果，暂时取消了再贷款支持，且 2010 年货币政策委员会成员中的政府人员占比明显减少。

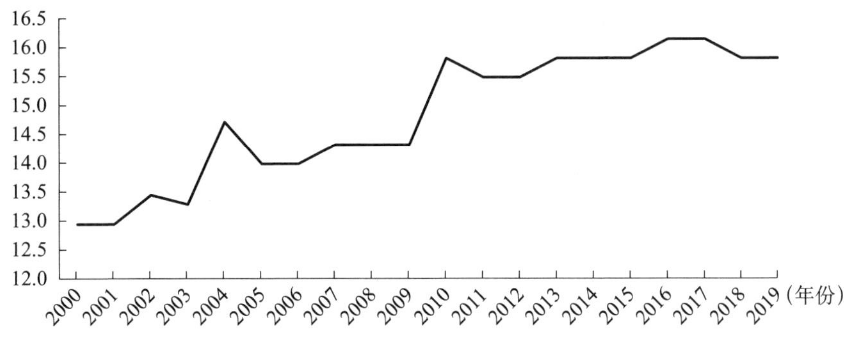

图 9.1　我国央行独立性趋势

资料来源：笔者根据表 9.1 整理所得。

二、金融稳定性指数的构建

1. 金融稳定指标体系

本节构建一个包含金融发展程度、宏观经济形势、金融市场运行状况以及世界经济形势 4 个维度、18 个指标的金融稳定指数，指标选取的标准主要参考阿尔布莱斯库（Albulescu，2010）以及 IMF（2011），如表 9.3 所示。

表 9.3　金融稳定指标体系

维度	指标	数据频率	年化处理	影响方向
金融发展	信贷余额/GDP	年度数据	—	正向
	债券市值/GDP	年度数据	—	正向
	保费收入/GDP	年度数据	—	正向
	股票市值/GDP	年度数据	—	正向
宏观经济形势	通货膨胀率	年度数据	—	负向
	财政赤字/GDP	年度数据	—	负向
	经常账户差额（亿元）/GDP	年度数据	—	负向
	短期外债/外汇储备	年度数据	—	负向
	GDP 增长率	年度数据	—	正向

续表

维度	指标	数据频率	年化处理	影响方向
世界经济形势	世界 GDP 年增长率	年度数据	—	正向
	伦敦同业拆借利率——美元	日数据	取平均值	负向
金融市场稳定状况	实际汇率波动率	月度数据	取平均值	负向
	存款/M2	年度数据	—	正向
	银行不良贷款率	年度数据	—	负向
	（准备金/存款）/（M0/M2）	年度数据	—	正向
	贷款/存款	年度数据	—	负向
	银行同业拆借利率 7 天	日数据	取平均值	负向
	国房景气指数	年度数据	—	负向

资料来源：Wind 数据库。

金融发展程度的 4 个指标代表了金融业各个领域的发展情况，均对金融稳定具有正向作用。

宏观经济形势 5 个指标中仅 GDP 增长率对金融稳定具有正向作用，而其他指标均为负向作用。

金融市场运行状况包括 7 个指标，其中（准备金/存款）/（M0/M2）这一指标的分子可以衡量在发生挤兑风险时银行的抵抗能力和韧性，分母则反映外界对流动性的偏好程度。银行间同业拆借利率 7 天可以衡量市场流动性情况，一般来说，拆借利率越高，市场流动性越差，对金融稳定越不利。国房景气指数是代表房地产市场整体情况的指标，如果该指数较高，则说明房地产市场过热，存在泡沫风险和投机风险，流向实体经济的资金量缩水，这显然不利于金融稳定。实际汇率波动率的绝对值越大，表示汇率市场越不稳定，因而对金融稳定具有负向作用。在这 7 个指标中，只有存款/M2、（准备金/存款）/（M0/M2）对金融稳定具有正向作用，其余指标均对金融稳定具有负向作用。

世界经济形势包括 2 个指标：世界 GDP 年增长率、伦敦同业拆借利率。世界 GDP 年增长率对金融稳定具有正向作用，伦敦同业拆借利率对金融稳定具有负向作用。

金融稳定的各指标数据均来自 Wind 数据库。

2. 金融稳定指标数据的合成

在确定各级指标权重时，主要有以下三种方法可以参考：第一种是采取相同的权重，简单直接，但是已经逐步淘汰；第二种是国内学者使用较多的方法，即主成分分析法，但缺点是不能完全解释总方差；第三种是熵值赋权法，其优点是以数据的客观性为依据来形成权重，符合数学逻辑上的客观准则，该方法认为一组数据中包含的差异性越大，表示信息丰富程度越高，就赋予该组数据所表示的指标更大的权重。

本章参考王劲松（2015）、朱远程和闫玉震（2010）的做法，在合成金融稳定指标时，采用熵值赋权法以克服其他方法赋权主观性较强的缺点，从而保证数据的客观合理性。

为了去除数据的量纲性，这里将正向、负向指标分别利用式（9.1）、式（9.2）进行处理。

$$I_{n1}=\frac{I_{i1}-Min}{Max-Min} \tag{9.1}$$

$$I_{n2}=\frac{Min-I_{i2}}{Max-Min} \tag{9.2}$$

本章利用 Python 来实现熵值法赋权，计算了 18 个二级指标的权重，最后的权重计算结果如表 9.4 所示，然后通过加权汇总得到综合得分，如表 9.5 所示。

表 9.4 熵值法权重

编号	指标	权重
var1	信贷余额/GDP	0.05267252
var2	债券市值/GDP	0.05287792
var3	保费收入/GDP	0.05494949
var4	股票市值/GDP	0.0540615
var5	通货膨胀率	0.05606756
var6	财政赤字/GDP	0.05505004
var7	经常账户差额（亿元）/GDP	0.05429699
var8	短期外债/外汇储备	0.0583533
var9	GDP 增长率	0.05231476

续表

编号	指标	权重
var10	世界 GDP 年增长率	0.05868708
var11	伦敦同业拆借利率——美元	0.05746786
var12	实际汇率波动率	0.05555308
var13	存款/M2	0.05895309
var14	银行不良贷款率	0.05689743
var15	（准备金/存款）/（M0/M2）	0.05305951
var16	贷款/存款	0.05894478
var17	银行同业拆借利率 7 天	0.05536393
var18	国房景气指数	0.05442918

资料来源：笔者根据熵值法计算所得。

表 9.5　　金融稳定指数

年份	指数	年份	指数
2000	0.4820	2010	0.6283
2001	0.3656	2011	0.5645
2002	0.5077	2012	0.5960
2003	0.5478	2013	0.5865
2004	0.5552	2014	0.6284
2005	0.5840	2015	0.6374
2006	0.5721	2016	0.6364
2007	0.5269	2017	0.6305
2008	0.4964	2018	0.5998
2009	0.6035	2019	0.6040

资料来源：笔者根据熵值法计算所得。

从图 9.2 中可以看出，我国的金融稳定情况总体上呈上升趋势，而在 2002 年、2007～2009 年出现了大幅下滑的情形，原因可能是 2001 年中国加入世界贸易组织（WTO）受国外资本冲击，当时国内尚缺乏对资本流动监管的机制；2007～2009 年的下滑主要是因为 2007～2008 年的金融危机，全球性的冲击对逐渐国际化的中国势必造成影响。

从最后的结果来看，合成的央行独立性指数和金融稳定指数均能较好拟合我国实情，数据的波动能够紧扣央行或金融体系中的大事件，并且两种指数均呈波动性上升趋势。但并不能由此直接判断两者呈正相关关系，接下来，本章将对两者关系进行解释。

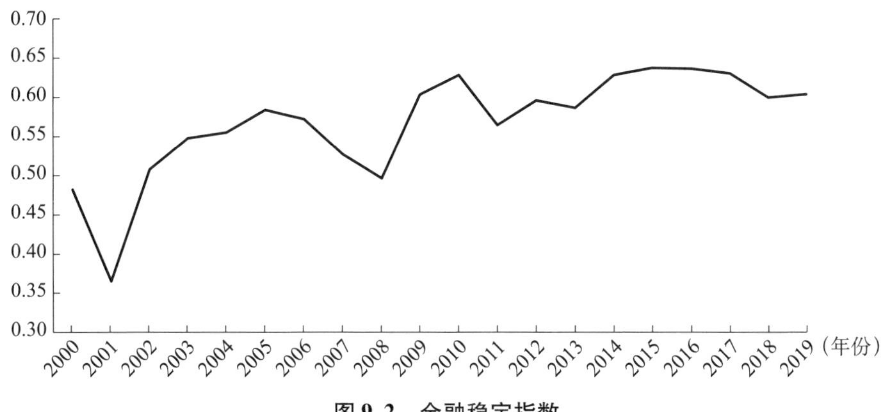

图 9.2　金融稳定指数

资料来源：笔者根据熵值法计算所得。

第二节　相关假设以及研究设计

一、相关假设

本章使用的中介效应模型是一元并行多重模型（一元是指仅有一个自变量和一个因变量，并行多重是指具有多个中介变量和传导路径），能够很好地拟合本章所描述传导机制以及变量之间的关系，基于模型特点和本章研究的传导渠道特点，提出了以下三点假设。

H9.1：央行独立性影响金融稳定的传导渠道——货币政策价格型传导渠道（利率传导）、货币政策数量型传导渠道（信贷传导）以及政治传导渠道（通胀传导），涉及的中介变量和路径可以完全解释总效应。

H9.2：不存在调节效应。调节效应是指某个变量对模型中的一条路径产生影响，但不作为中间传导的环节，因而区别于中介效应。

H9.3：因变量和自变量都是唯一的，即不存在多个自变量/因变量的情况。本章的因变量和自变量只重点研究央行独立性和金融稳定，而不考虑其他变量。

二、变量选择与处理

本章选择的因变量 Y 是金融稳定指数（FSI），自变量 X 是央行独立性指数（CBI），中介变量包括：M_1——法定准备金率、M_2——货币供给量增速、M_3——金融机构贷款量余额/GDP、M_4——银行间 7 天同业拆借利率、M_5——银行杠杆率、M_6——通货膨胀率、M_7——财政赤字/GDP。M_1、M_4 都是选取的年平均值，M_5 是银行业整体杠杆率均值、M_2、M_3 选取的是年末值，以下是个别指标计算过程。

通胀率是在我国居民消费指数（CPI）的基础上测算得来的，具体测算过程参考庞海峰等（2019）的研究，通货膨胀率 I =（CPI - 100）/100。

市场基准利率是用银行间 7 天同业拆借利率进行代替，以每个月的银行总拆借资金的交易量为权重，从而加权平均得到年度数据。

杠杆率指标是根据国家金融监督管理总局公布的银行杠杆率公式计算而来的，具体计算方法为：杠杆率 =（一级资本 - 一级资本扣减项）/调整后的表内外资产余额）×100%。本章以商业银行为对象，由 Wind 数据库获得的数据计算所得。

变量的内容以及描述性统计如表 9.6 和表 9.7 所示。本章借助 SPSS 以及 Mplus 软件来实现以下过程，为了保证数据的同质化和可比较性，所有变量都已进行了标准化和年化处理，该过程并不影响最终实证结果。

表 9.6　相关变量

变量	内容	简称	变量性质
因变量（Y）	金融稳定指数（FSI）	Y	——
自变量（X）	央行独立性指数（CBI）	X	——
中介变量（M）	法定准备金率	M_1	货币政策工具
	货币供给量增速	M_2	宏观经济指标
	金融机构信贷余额/GDP	M_3	宏观审慎指标（银行）
	银行间 7 天同业拆借利率	M_4	
	银行杠杆率	M_5	
	通胀率	M_6	宏观经济指标
	财政赤字/GDP	M_7	宏观审慎指标（政府）

资料来源：中国人民银行网站、BIS 网站、Wind 数据库。

表 9.7　变量的描述性统计

变量	均值	标准差	最小值	最大值
金融稳定指数（FSI）	0.5676	0.0652	0.3656	0.6374
央行独立指数（CBI）	14.1450	1.0905	12.2700	15.4700
法定准备金率（%）	13.7783	5.1624	7.0000	20.3600
货币供给量增速（%）	0.1531	0.0450	0.0808	0.2842
金融机构信贷余额/GDP	1.1639	0.1732	0.8731	1.4438
银行间 7 天同业拆借利率（%）	2.7756	0.7510	1.2755	4.1944
银行杠杆率（%）	5.251	0.1341	4.000	5.5200
通胀率	0.0233	0.0170	-0.0080	0.0586
财政赤字/GDP	0.0214	0.0135	0.0035	0.0542

资料来源：中国人民银行网站、BIS 网站、Wind 数据库。

三、结构性方程建立

巴伦和肯尼（Baron and Kenny，1986）提出的中介效应检验法可以直观地展示变量之间的传导关系，并可以检验传导效果。本章使用时间序列数据建立了一个一元多重中介效应模型，可用下列回归方程来描述每条路径变量之间的关系：

$$Y = \tau X + e_x$$

$$M_1 = a_1 X + e_1$$

$$M_2 = a_2 X + b_1 M_1 + e_2$$

$$M_3 = a_3 X + c_1 M_2 + d_2 M_4 + e_3$$

$$M_4 = a_4 X + b_2 M_1 + c_2 M_2 + e_4$$

$$M_5 = a_5 X + d_1 M_4$$

$$M_6 = a_6 X + c_3 M_2 + e_1 M_7$$

$$Y = \tau' X + f_1 M_1 + f_2 M_2 + f_3 M_3 + f_4 M_4 + f_5 M_5 + f_6 M_6 + f_7 M_7 + e_Y \tag{9.3}$$

将式（9.3）化简可得式（9.4）：

$$Y = \tau' X + (a_1 f_3 + a_2 f_2 + a_3 f_1 + a_4 f_4 + a_5 f_5 + a_6 f_6 + a_7 f_7 + a_1 b_1 c_1 f_3 + a_1 b_1 f_2 + a_1 b_1 c_2 d_1 f_4 + a_1 b_1 c_2 d_1 f_5 + a_1 b_1 c_2 d_2 f_3 + a_1 b_1 c_3 f_6 + a_2 c_1 f_3 + a_2 c_2 f_4 + a_2 c_2 d_1 f_5 + a_2 c_2 d_2 f_3 + a_2 c_3 f_6 + a_4 d_1 f_5 + a_4 d_2 f_3 + a_7 e_1 f_6) X + e_Y \tag{9.4}$$

其中，τ 为 X 对 Y 的总效应，τ'为 X 对 Y 的直接效应，令 g 为总体中介效应（间接效应），总体中介效应和总效应可分别表示为：

$$g = a_1 f_3 + a_2 f_2 + a_3 f_1 + a_4 f_4 + a_5 f_5 + a_6 f_6 + a_7 f_7 + a_1 b_1 c_1 f_3 + a_1 b_1 f_2 + a_1 b_1 c_2 d_1 f_4 + a_1 b_1 c_2 d_1 f_5 + a_1 b_1 c_2 d_2 f_3 + a_1 b_1 c_3 f_6 + a_2 c_1 f_3 + a_2 c_2 f_4 + a_2 c_2 d_1 f_5 + a_2 c_2 d_2 f_3 + a_2 c_3 f_6 + a_4 d_1 f_5 + a_4 d_2 f_3 + a_7 e_1 f_6 \tag{9.5}$$

$$\tau = \tau' + g \tag{9.6}$$

第三节 中介效应模型的检验

本章模型的检验过程主要参考了温忠麟（2014）的做法，检验过程主要包括以下两大部分。一是对总体情况的检验，包括总体中介效应（间接效应）、总体效应以及直接效应检验。该检验过程的目的是判断模型是否存在显著的间接效应，如果总体效应显著且间接效应均显著，而直接效应不显著，并且模型总体的适配情况良好，则表明模型存在间接效应。二是个别效应的检验，该检验是建立在总体情况检验通过的前提下，个别效应检验实际上是对总体中介效应（间接效应）中的所有路径进行展开分析并检验。

一、中介效应检验方法

本章所涉及的中介效应检验方法主要有依次检验法和系数乘积法中的 Bootstrap 法。下面提到的系数 c 是指总效应，c′是指中介效应（间接效应），c - c′是指直接效应。

（一）依次检验法

该方法是早期研究中使用最多的方法，但是局限性比较明显。一是要求系数 c 必须显著，这是判断有无中介效应的前提条件，但实际上即使 c 不显著，仍有可能存在中介效应；二是系数 c 显著的要求严重降低了统计效果；三是没有判断直接效应 c - c′是否显著不为 0，因而不能提供点估计和置信区间。

但是，温忠麟（2014）认为，如果依次检验过程中结果已经显著，那么该情况下的检验效果优于 Bootstrap 法。

（二）系数乘积法

系数乘积法是在依次检验法基础上改进而来的，克服了依次检验法不能直接判断直接效应显著性的缺点，它是通过直接检验系数乘积（c－c′的结果）来判断直接效应是否显著不为 0，并且也能提供点估计和置信区间。目前在中介效应研究中，Bootstrap 法成为一种主流方法，其原理就是系数乘积法。

Bootstrap 法应用较为广泛的原因是该方法不要求样本数据是正态分布的，即不要求置信区间必须对称。因此，当样本数据不满足正态分布假设时，Bootstrap 法会进行多次（k 次）的放回抽样，从而基于原始数据产生大量样本，以样本来代表总体，并计算每个样本的间接效应估计值。因此，Bootstrap 法对数据样本量的要求并不严格，中、小样本的中介效应模型完全可以适用。同时，也有研究发现，Bootstrap 法在多个中介变量的模型中拥有更好的统计效果，是当前各类研究中很实用的方法。因为本章的中介效应模型所使用的样本数据量并不大且属于多中介变量模型，所以选择该方法是最适合的。

本章根据温忠麟（2014）的研究，综合判断依次检验法和 Bootstrap 法的检验结果会使检验效力更好。如果依次检验显著，则可以只看该结果；如果依次检验不显著，则需要以 Bootstrap 的结果为参考。因此，可以利用 Mplus 同时输出各系数的点估计检验结果（P 值）和 Bootstrap 法的区间估计检验结果，本章在设定样本产生次数时，令 k＝2 000 次。

二、总体中介效应、直接效应和总效应检验

本章的检验过程主要参考温忠麟（2014）的做法：一是总体中介效应（间接效应）的估计与检验；二是个别中介效应的估计与检验，即把总体中介效应展开，对所有中间传导路径进行分析。

从模型适配度看，根据以往经验，RMSEA 值小于 0.02 比较好，CFI 和 TLI 值均大于 0.09 比较好。从模型结果看，REMSA 值为 0.006，CFI 和 TLI 值分别为 0.971、0.913，说明模型和数据较完美适配，可以进行下一步结果分析。表 9.8 是总体中介效应（间接效应）、直接效应和总效应的检验结果。

表 9.8　总体中介效应（间接效应）、直接效应和总效应的检验结果

项目	效应值	P 值	置信区间 95%
总体中介效应 g	0.238	0.041 **	[-0.134, 0.296]
直接效应 τ′	0.018	0.523	[-0.003, 0.008]
总效应 τ	0.256	0.038 **	[-0.012, 0.057]

注：** 表示在 5% 的水平下显著。
资料来源：笔者根据 Mplus 的模型结果计算所得。

可以看出，总效应值是 0.238，且 P 值小于 0.05，并符合显著水平 5% 下的置信区间，因此，总效应是显著的并且大于 0，可以判断出央行独立性与金融稳定之间存在稳定的正相关关系。但是直接效应的 P 值和置信区间均不显著，总体中介效应 P 值和置信区间均显著。综合三者结果，可以得出中介效应显著，直接效应不显著的结论，即央行独立性对金融稳定的影响并非是直接的，而是存在中介传导，同时，总体中介效应 g 在 5% 水平下显著也意味着本章选取的中介变量及传导路径是合理的。

三、个别效应检验

个别效应检验的方法与上述类似，需要说明的是，个别情况下如果出现 P 值结果与 Bootstrap 法得出的区间估计结果相矛盾时，要以 Bootstrap 法的估计为准，因为区间估计在准确率上优于点估计。表 9.9 是各个传导路径的检验结果。

表 9.9　各传导路径检验结果

系数乘积	路径含义	P 值	对应置信区间是否显著
a_1f_1	$X \to M_1 \to Y$	0.006 **	是
a_2f_2	$X \to M_2 \to Y$	0.134	否

续表

系数乘积	路径含义	P 值	对应置信区间是否显著
a_3f_3	X→M_3→Y	0.001***	是
a_4f_4	X→M_4→Y	0.580	否
a_5f_5	X→M_5→Y	0.005***	是
a_6f_6	X→M_6→Y	0.046**	是
a_7f_7	X→M_7→Y	0.051	是（以此为准）
$a_1b_1f_2$	X→M_1→M_2→Y	0.656	否
$a_1b_1c_1f_3$	X→M_1→M_2→M_3→Y	0.021**	是
$a_1b_1c_2f_4$	X→M_1→M_2→M_4→Y	0.184	否
$a_1b_1c_2d_2f_3$	X→M_1→M_2→M_4→M_3→Y	0.091*	是
$a_1b_1c_2d_1f_5$	X→M_1→M_2→M_4→M_5→Y	0.661	否
$a_1b_2f_4$	X→M_1→M_4→Y	0.560	否
$a_1b_2d_1f_5$	X→M_1→M_4→M_5→Y	0.061*	是
$a_1b_2d_2f_3$	X→M_1→M_4→M_3→Y	0.032**	是
$a_1b_1c_3f_6$	X→M_1→M_2→M_6→Y	0.018**	是
$a_2c_1f_3$	X→M_2→M_3→Y	0.033**	是
$a_2c_2f_4$	X→M_2→M_4→Y	0.545	否
$a_2c_2d_1f_5$	X→M_2→M_4→M_5→Y	0.745	否
$a_2c_2d_2f_3$	X→M_2→M_4→M_3→Y	0.054*	是
$a_2c_3f_6$	X→M_2→M_6→Y	0.014**	是
$a_4d_1f_5$	X→M_4→M_5→Y	0.063*	是
$a_4d_2f_3$	X→M_4→M_3→Y	0.046**	是
$a_7e_1f_6$	X→M_7→M_6→Y	0.014**	是

注：*、**、***分别表示在 10%、5%、1%的水平下显著。

资料来源：笔者根据 Mplus 的模型结果计算所得。

我们先从 X→M_1→Y 的传导路径看，7 个中介变量中有 5 个的检验结果是显著的，说明本章选择的变量大部分是合适的，且具有明显的相关关系。这显著的 5 个变量中，3 个宏观审慎变量被全部包含其中，这意味着央行独立性、金融稳定确实与宏观审慎存在密不可分的关系。不显著的变量是M_2和M_4，可能原因是货币供给量和银行 7 天同业拆借利率对金融稳定的影响并不是直接的，因为 Y 与M_2、M_4的回归系数的 P 值分别为 0.624、0.571，均是不显著的。而 X 与M_2、M_4的回归情况较好，均呈显著负相关。再从各个路径看，即使M_2、M_4传导性较差，但仍有包含M_2、M_4的显著路径出现，这间接验证了M_2、M_4对 Y 的传导并非是直接的。

接下来，本章仅对显著路径进行分析。

（一）显著传导路径检验结果分析

1. 货币政策数量型（信贷）及其他有关传导渠道

（1）$X \rightarrow M_1 \rightarrow M_2 \rightarrow M_3 \rightarrow Y$。

央行独立性的增强，尤其是经济独立性的增强，为央行根据经济情况和目标及时调整法定准备金率提供了更大的操作自由度，因此，这使得法定准备金率调整更能有效作用于货币供给，使金融机构贷款张弛有度，于繁荣时期收紧，低迷时期扩张，从而平抑金融波动，降低信贷风险，这无疑是有利于金融稳定的。

（2）$X \rightarrow M_1 \rightarrow M_2 \rightarrow M_4 \rightarrow M_3 \rightarrow Y$。

这条路径是对 $X \rightarrow M_1 \rightarrow M_2 \rightarrow M_3 \rightarrow Y$ 的再解释，在货币供给量上升时，市场上的流动性比较充沛，这会使利率下降，银行的贷款量会倾向于增多，从而增加信贷供给量。其中，风险偏好型的银行可能会降低自身杠杆率要求以追求更多的风险收益，这就成为导致金融不稳定的一个潜在因素。

（3）$X \rightarrow M_1 \rightarrow M_4 \rightarrow M_3 \rightarrow Y$。

法定准备金率除了影响货币供给外，还会影响利率水平，从而影响信贷规模。

（4）$X \rightarrow M_2 \rightarrow M_3 \rightarrow Y$。

从回归系数看，央行独立性与货币供给量增速的相关系数是 -0.049，呈显著负相关，即央行独立性越强，越有利于控制货币供给。

（5）$X \rightarrow M_2 \rightarrow M_4 \rightarrow M_3 \rightarrow Y$。

该路径与 $X \rightarrow M_1 \rightarrow M_2 \rightarrow M_4 \rightarrow M_3 \rightarrow Y$ 类似，在此不再解释。

（6）$X \rightarrow M_4 \rightarrow M_3 \rightarrow Y$。

央行独立性程度会对利率产生影响，实际上，这种传导过程与法定准备金率调整有很大关系，另外也与央行其他的调控工具有很大关系，如再贴现率、央票利率等，也会对市场利率产生较大波动。

2. 货币政策价格型传导渠道（利率）

（1）$X \rightarrow M_1 \rightarrow M_4 \rightarrow M_5 \rightarrow Y$。

法定准备金率提高/降低会使市场利率水平提高/降低，银行的流动性倾向于降低/提高，风险偏好型银行可能在利率降低时提高杠杆率，这是不利于金融稳定的。

（2）$X \rightarrow M_4 \rightarrow M_5 \rightarrow Y$。

这一路径实际上与 $X \rightarrow M_1 \rightarrow M_4 \rightarrow M_5 \rightarrow Y$ 类似，在此不再解释。

3. 政治因素传导渠道（通胀）

（1）$X \rightarrow M_1 \rightarrow M_2 \rightarrow M_6 \rightarrow Y$。

该路径的前一部分与 $X \rightarrow M_1 \rightarrow M_2 \rightarrow M_3 \rightarrow Y$ 的分析相同，货币供给量除了对信贷产生影响外，对通胀也会产生影响，根据传统货币理论 $MV = PQ$，货币供给量与物价水平之间存在正相关关系，通胀率对金融稳定的影响是负向的。从数据上看，虽然我国货币供给量增速和通胀率存在区间波动性，但两者在整体上均呈下降趋势，通胀率水平的逐步降低减少了金融体系的高通胀风险。

（2）$X \rightarrow M_2 \rightarrow M_6 \rightarrow Y$。

$X \rightarrow M_2$ 在 $X \rightarrow M_2 \rightarrow M_3 \rightarrow Y$ 中有所解释，$M_2 \rightarrow M_6 \rightarrow Y$ 也在 $X \rightarrow M_1 \rightarrow M_2 \rightarrow M_6 \rightarrow Y$ 中有所解释，该路径是在这两条路径下产生的。同时，该路径的显著效应也可以解释这两条路径逻辑上的正确性。

（3）$X \rightarrow M_7 \rightarrow M_6 \rightarrow Y$。

该路径与 $X \rightarrow M_6 \rightarrow Y$ 共同传达了一个重要信息，即央行和政府行为都对通胀率有所影响。随着央行独立性的提升，央行对通胀目标的实现有了更大的操控能力，这是提升金融稳定的一个重要传导渠道。但是，该模型无法解释清楚央行和政府是如何影响通胀的，本章接下来对该渠道进行了再探索。

（二）显著传导路径的效应值和贡献率

模型还可以给出各路径的效应值大小以及对总体中介效应（间接效应）

的贡献率，贡献率是指单个传导路径效应值占总体中介效应（间接效应）值的比例，这有助于判断主次要路径。因为非显著路径的效应值几乎为0，所以表9.10仅展示了表9.9中显著路径的效应值和贡献率。

表9.10　显著传导路径的效应值及贡献率

系数乘积	路径含义	效应值	贡献率（%）
a_1f_1	$X \to M_1 \to Y$	0.2058	9.20
a_3f_3	$X \to M_3 \to Y$	0.4810	21.49
a_5f_5	$X \to M_5 \to Y$	0.2021	9.03
a_6f_6	$X \to M_6 \to Y$	0.2821	12.61
a_7f_7	$X \to M_7 \to Y$	0.0927	4.14
$a_1b_1c_2d_2f_3$	$X \to M_1 \to M_2 \to M_4 \to M_3 \to Y$	0.2104	9.40
$a_1b_1c_1f_3$	$X \to M_1 \to M_2 \to M_3 \to Y$	0.0239	1.07
$a_1b_2d_1f_5$	$X \to M_1 \to M_4 \to M_5 \to Y$	0.1320	5.90
$a_1b_2d_2f_3$	$X \to M_1 \to M_4 \to M_3 \to Y$	0.1077	4.81
$a_1b_1c_3f_6$	$X \to M_1 \to M_2 \to M_6 \to Y$	0.1138	5.08
$a_2c_1f_3$	$X \to M_2 \to M_3 \to Y$	0.0809	3.61
$a_2c_2d_2f_3$	$X \to M_2 \to M_4 \to M_3 \to Y$	0.0091	0.41
$a_2c_3f_6$	$X \to M_2 \to M_6 \to Y$	0.1210	5.41
$a_4d_1f_5$	$X \to M_4 \to M_5 \to Y$	0.0701	3.13
$a_4d_2f_3$	$X \to M_4 \to M_3 \to Y$	0.0491	2.19
$a_7e_1f_6$	$X \to M_7 \to M_6 \to Y$	0.0473	2.11

资料来源：笔者根据Mplus的模型结果计算所得。

1. 货币政策数量型传导渠道（信贷）贡献率

从贡献率来看，$X \to M_3 \to Y$ 是贡献率最大的路径，达21.49%。该路径是指央行独立性→金融机构贷款余额/GDP→金融稳定，其系数乘积 a_3f_3 的效应值是大于0的，表明央行独立性与金融稳定呈正相关关系。同时，模型给出的单个系数值 a_3 和 f_3 是小于0的，分别是 -0.8101 和 -0.5938，这意味着央行独立性与金融机构贷款余额/GDP呈负相关，金融机构贷款余额/GDP与金融稳定呈负相关，即央行独立性有利于抑制金融市场的信贷波动，使之回归理性水平，从而有利于金融体系的稳定。

$X \rightarrow M_1 \rightarrow M_2 \rightarrow M_4 \rightarrow M_3 \rightarrow Y$ 的贡献率也比较大，达 9.40%，这可以解释央行独立性为什么与金融机构贷款余额/GDP 呈正相关关系。央行独立性的提高为货币政策执行提供了更大的自由度，能合理调节货币供给，市场利率随之发生变化，从而有利于稳定金融市场的信贷情况。

2. 货币政策价格型传导渠道（利率）贡献率

$X \rightarrow M_5 \rightarrow Y$ 的贡献率为 9.03%，其效应值 0.2021 大于 0，这可能意味着央行独立性程度越高，越有利于监管银行杠杆风险，从而有利于降低金融风险。

路径 $X \rightarrow M_1 \rightarrow M_4 \rightarrow M_5 \rightarrow Y$ 要比 $X \rightarrow M_4 \rightarrow M_5 \rightarrow Y$ 的贡献率大，其区别是多了一个 M_1 的传导环节，这表明，央行独立性不是直接作用于市场利率的，而是通过法定准备金率间接作用的。

从上述分析看，货币政策数量型渠道的总贡献率达 26.17%，价格型传导渠道贡献率达 12.16%，还有大量的交叉渠道，其贡献率达 22.71%。这表明，货币政策的数量型传导渠道是主要路径，货币政策两种渠道间的联系甚为密切，其组成的传导渠道贡献率也很高。

3. 政治因素传导渠道（通胀）贡献率

$X \rightarrow M_6 \rightarrow Y$ 的贡献率为 12.61%，相比货币政策传导渠道贡献程度较小。其效应值为 0.2821，模型中给出的单个系数值 a_6 和 f_6 均小于 0，这意味着央行独立性和金融稳定均与通胀呈负相关关系。此外，政治因素渠道也与货币政策渠道存在一定联系，而这些交叉渠道的贡献率仅为 10.49%，表明其联系不是很密切。

第四节　实证结果分析

从上述分析过程来看，央行独立性对金融稳定是一种正向的、间接的影响，并且这种间接影响基本来自宏观审慎因素，本章选择的 4 个宏观审慎指标在作为中介变量时，除了银行 7 天同业拆借利率外，其余指标的效应值均显著。这些显著的宏观审慎中介变量（金融机构信贷余额/GDP、银行杠杆率、财政赤字/GDP）恰好分别对应货币政策数量型渠道（信贷）、货币政策价格型渠道（利率）和政治影响渠道（通胀）。这表明，央行独立性对金融稳定的影响是通过宏观审慎渠道传导的。但是，仍有部分路径是非通畅的，如同时含有M_2、M_4变量的部分渠道。

另外，货币政策传导渠道比政治因素传导渠道的效果要好，货币政策传导渠道总贡献率达61.04%，其中信贷渠道是贡献率最高的，这意味着央行独立性对金融稳定的影响主要是通过货币政策行为影响的，尤其是调节信贷的货币政策。

在政治传导渠道中，本章分析得出通胀是由央行独立性和政府的货币扩张行为（固定资产投资和收入不平等）共同作用下导致的，央行独立性程度越高，越有利于遏制政府的盲目扩张行为，从而降低通胀水平，有利于保持金融体系的稳定。

第五节　小结

本章构建了央行独立性指数和金融稳定指数以分别测度央行独立性和金融稳定，之后利用中介模型对央行独立性对金融稳定的影响进行了实证检验，发现央行独立性确实对金融稳定存在正向的、间接的影响。本章对具有宏观审慎中介变量的效应进行检验后，发现央行独立性对金融稳定的间接影响是来自宏观审慎因素的，这与本书的理论分析结果一致。

本章附录

20条评分依据

第一，直接的信用工具是否为分摊商业金融机构的风险。

2000~2001年，为化解一些金融部门的风险，央行利用扩大再贷款的定向发行量来解决问题，因此赋值为0。2002年，为了鼓励金融机构对中小企业提供融资，央行支持了金融机构的再贷款和贴现业务，因此取0.5。2003年为支持农村信用社历史遗留问题，央行再度发放专项贷款给予支持，因此取0。2004年，中国银行、中国建设银行、交通银行进行了股份制改革试点，央行为协助这3家银行处置不良资产，对其发行了专项票据，因此取0。2005~2009年，央行依旧是为支持农村信用社改革进行贷款支持，因此继续取0。到2010年，因为农村大型商业银行以及农村信用社的有关改革已经取得了一定成果，资产质量相比之前已经有了显著提高，所以没有进行再贷款支持，因此取1。2011年央行没有进行有关操作，因此取1。2012~2014年，央行虽然为支持农业发展而发放再贷款，但目的不在于分摊农村有关金融机构的风险，因此仍取1。2013~2019年没有进行有关操作，央行虽然为支持中小企业、“三农”和脱贫进行了多次的贷款支持操作，但目的不是协助金融机构降低风险，因此取1。

第二，直接信用工具的利率。

根据央行历年对金融机构的再贷款利率与市场利率的比较，再贷款利率均低于市场利率，因此均取0.5。

第三，直接信用工具的借贷期限。

依据《中华人民共和国中国人民银行法（修正）》（2003年版），该法律对我国央行的直接融资期限作出了限制性要求，即中国人民银行如果对商业银行进行直接贷款或其他类型的融资，则该借贷款项的最长期限必须小于等于1年，同时根据央行2003年之前的融资行为看，直接信用工具借贷的最高期限没有超过1年，因此全部取值为0.67。

第四，央行对政府直接融资的法律限制。

依据《中华人民共和国中国人民银行法（修正）》（2003年版）第三十条，对我国央行对政府的直接融资作出了限制性要求，即禁止中国人民银行向地方政府以及其他政府部门进行直接融资，因此全部取值为1。

第五，央行对政府直接融资。

1998~2001年，中国人民银行的各分级机构制度改革使其与政府部门和有关职能独立出来，这确立起了不受政府干扰影响的制度基础。2003年末，中国人民银行建立起一种新的注资金融机构的方式，使用股权而不是债权来实现，这就进一步提高了央行资金透明度，政府不能轻易地直接获取资金。自2004年起，央行为支持农村信用社改革试点工作而直接发行专项的票据和贷款，而不是通过之前的由政府间接操办的做法，这就收窄了政府影响央行融资行为的渠道。因此，2000～2003年赋值为0.6，2004年赋值为0.7，2005年之后赋值为0.8。

第六，央行是否参与一级市场。

中国人民银行在2000～2002年没有参与一级市场，取1。自2003年以来，中国人民银行首次以央行票据作为货币政策工具来调节货币供给，央票可在公开市场上自由交易，但从实际情况看，央行并非参与所有的一级市场，如股票市场等，所以2003年以后央行对一级市场只是部分参与，因此取0.5。

第七，再贴现率是否由央行决定。

依据《商业汇票承兑、贴现与再贴现管理暂行办法》（1997年版），中国人民银行拥有再贴现利率的自主决定权，其他部门不得干扰，因此全部取值为1。

第八，公开市场业务。

依据《中华人民共和国中国人民银行法》（1995年版），中国人民银行的公开市场业务买卖的对象主要有多种不同类型和期限的国债、其他相关政府债券以及外汇，在2004年以前，政府有关债券是央行的主要交易项目，所以难免受制于政府行为影响，因此，2004年以前分数取值为0.5。依据《中华人民共和国中国人民银行法（修正）》（2003年版），除了政府有关债券外，央行还可以买卖金融债券（于2004年正式实行），这为央行公开市场业务赋予了更大的操作自由度，因此2004年及以后取1。

第九，法定准备金率。

依据《中华人民共和国中国人民银行法》（1995年版）第五条，中国人民银行就年度货币供应量、利率、汇率和国务院规定的其他重要事项作出的决定，报国务院批准后执行。因此统一赋值为0.5。

第十，对金融机构的监管。

依据《关于成立中国保险监督管理委员会的通知》（1998 年版），中国人民银行的监管范围仅限于银行业。直到 2003 年，《全国人民代表大会常务委员会关于中国银行业监督管理委员会履行原由中国人民银行的监督管理职责的决定》决议中国人民银行不对所有的金融机构都进行监管。因此，2000 ~ 2003 年取 0.5，之后取 1。

第十一，政府代表在货币政策委员会中的权限。

依据《中国人民银行货币政策委员会条例》第十五条，货币政策委员会委员为履行职责需要，享有下列权利：了解经济、金融和货币政策方面的情况；对货币政策委员会所讨论的问题发表意见；向货币政策委员会就货币政策问题提出议案，并享有表决权。基于以上规定，2000 ~ 2019 年赋值分数为 0.67。

第十二，货币政策决定权。

同第九条评分依据，对于重要的货币政策事项（有关利率、汇率、法定准备金率等对宏观经济有重大影响的政策），中国人民银行必须经过国务院的报批，准许后才可以执行，但是其他类型的、常规性的货币政策仅需要向国务院备案即可。本书基于我国历年的货币政策报告，对某一年份的主要货币政策导向作出辨析，如果某年货币政策是以货币供应量、利率、汇率为主，那么该年份赋值分数为 0.67，如果某年货币政策主要是央行自主决定的，则该年度赋值分数为 1。整理结果如附表 1 所示。

附表 1　　货币政策决定权

时间	赋值分数
2000 ~ 2003 年	0.67
2004 年	1
2005 ~ 2006 年	0.67
2007 ~ 2010 年	1
2011 ~ 2012 年	0.67
2013 年	1
2014 ~ 2015 年	0.67
2016 ~ 2017 年	1
2018 ~ 2019 年	0.67

资料来源：中国人民银行网站公布的历年货币政策报告。

第十三，货币政策目标。

《中华人民共和国中国人民银行法》规定，货币政策目标是保持货币币值的稳定，并以此促进经济增长。货币币值稳定不是唯一的目标，而是主要的目标，所以我国货币政策目标不是单一的，因此2000～2019年赋值分数为0.67。

第十四，与政府意见冲突的解决方法。

依据《中华人民共和国中国人民银行法》（1995年版、2003年版、2018年版）第七条，中国人民银行法可依法独立执行货币政策，不受其他部门干涉。虽然法律条文中没有明确指出解决方法，但考虑到央行仍有一定的权力，因此，2000～2019年赋值为1。

第十五，央行行长任命。

历任央行行长的任免由全国人大作出决议（同第十七条评分依据），因此，2000～2019年赋值分数为0.5。

第十六，央行官员任期。

人行行长戴相龙任职7年，周小川任职16年，易纲（2018.3—2019）已当选新一任行长，任职期限会超过5年，因此，2000～2019年赋值分数为1。

第十七，行长的解职条款。

根据《中华人民共和国中国人民银行法》（1995年版、2003年版、2018年版），中国人民银行行长的最终任免要经过全国人民代表大会（我国最高立法机关）决议，全国人大具有最终的任免权力。因此，2000～2019年赋值分数为0.5。

第十八，央行行长的履历背景。

历任的戴相龙、周小川、易纲行长在任职行长前均有长期的经济工作经验，专业储备丰富。因此，2000～2019年赋值分数为1。

第十九，货币政策委员会中由政府任命的委员比例。

本书将其调整为货币政策委员会中受政府管控的委员比例。另外，《中国人民银行货币政策委员会条例》（1997年版和2010年版）规定委员会委员对某一决议的同意/反对的人数≥2/3时才可以通过。因此，本书将评分细则设置为：≥2/3（赋值0分），≤1/2且<2/3（赋值0.5分），<1/2

（赋值 1 分）。

变更理由：本书认为，受政府管控的委员会优先从政府角度出发考虑货币政策有关建议，而主席、副主席、金融专家（非国家公务员）都可以仅从专业角度发表建议。

在法律上，我国货币政策委员会成员人数有 13 人，其中副主席是由主席指定的，所以国务院可影响的人选只有 7 人（排除主席、副主席、金融专家、中国人民银行副行长）。但是，这是仅依据法律条文所作出的推断，实际上的委员会成员并非只有以上几个机构，此外还包括国家统计局、国家外汇管理局、中国证监会等，随着我国制度框架的完善和改进，委员会成员也在发生变化。根据国务院政策文件、公告和中国人民银行网站披露的信息，汇总结果如附表 2 所示。

附表 2　　货币政策委员会中受政府管控的委员比例

时间	政府有关人员人数	总人数	占比	分值
2000 年	9	12	≥2/3	0
2001 年	10	14	≥2/3	0
2002 年	9	15	≥2/3	0
2003 ~ 2004 年	8	14	≤1/2 且 <2/3	0.5
2005 ~ 2006 年	10	14	≥2/3	0
2007 ~ 2009 年	9	13	≥2/3	0
2010 ~ 2016 年	8	15	≤1/2 且 <2/3	0.5
2017 ~ 2019 年	7	1	≤1/2 且 <2/3	0.5

资料来源：中国人民银行网站货币政策司栏目。

第二十，货币政策委员会主席任期。

我国货币委员会的主席由历任央行行长担任。央行原行长戴相龙是第一任主席，任期 7 年；周小川任期 16 年，易纲已经获得满任资格，预期任期不会短于 5 年，可以看出，历任行长的货币政策委员会主席任期都大于 5 年。因此，本书给 2000 ~ 2019 年的赋值分数为 1。

第十章　结论、建议与展望

第一节　结论

本书重点围绕货币政策风险承担传导渠道、宏观审慎政策与银行风险承担、双支柱调控框架对银行风险承担以及影子银行的影响、央行独立性和金融稳定性等问题进行理论探索和实证检验，以期为正确处理货币政策和宏观审慎政策关系、推动两者协调配合、维护金融稳定贡献自己的力量。

第一，完善了货币政策风险承担渠道理论研究。本书剖析了四种传统的货币政策传导渠道并对风险承担传导渠道进行完善，详细阐述了风险承担渠道的形成机制——收益和杠杆两种机制，构建混合机制指标并对比传统传导渠道与风险承担传导渠道的异同。之后通过实证研究方法证实了货币政策对我国商业银行的风险承担具有显著影响，在宽松的货币政策影响下银行的风险承担水平较大，而在央行收紧货币政策时银行的风险承担水平较小。此外，还分析了银行货币政策风险承担渠道的作用机制，结果表明，混合机制指数与银行风险承担正相关，验证了货币政策风险承担渠道的收益和杠杆混合机制。

第二，探究宏观审慎政策对银行风险承担的影响。本书分析了不同类型宏观审慎政策工具对银行风险承担的影响，并将贷款损失准备作为风险承担代理变量进行具体分析。之后通过实证研究发现，宏观审慎政策与商业银行计提贷款损失准备呈现正相关的关系，表明央行实施的宏观审慎政策具有逆周期的特点，可能会导致多计提贷款损失准备，从而能够有效降低银行风险承担，证实了宏观审慎政策的“前瞻性”。随着宏观审慎政策实施力度的加大，银行的资产管理要求更为严格和审慎，需要计提更多的贷款减值准备，不良贷款率随之呈现下降趋势；当宏观审慎措施放松时，银行会减少损失准备计提而留存更多的利润。为了进一步分析宏观审慎工具的使用对于不同类型商业银行计提贷款损失准备的影响，本书将银行样本数据按照上市银行、非上市股份制银行、非上市城市商业银行和非上市农村商业银行分类，结果发现，宏观审慎政策对各类型商业银行计提贷款损失准备的影响不具有差异性，相关性均与总体保持一致。

第三，剖析双支柱政策对银行风险承担的影响效用。本书通过理论分析和实证检验得出，宏观审慎政策的实施有助于降低银行风险承担水平并提高银行的稳定性。宏观审慎政策能够调节货币政策放松时所带来的过度风险承担，双支柱调控在一定程度上能够降低银行风险承担。将样本分为国有商业银行和股份制商业银行以及城市商业银行和农村商业银行，发现货币政策和宏观审慎政策的政策效果在国有商业银行和股份制商业银行中更为明显。将宏观审慎政策分为资本型、贷款型、流动型和其他型，发现信贷型和流动型宏观审慎政策能够降低银行风险承担，并且能够减弱宽松型货币政策对银行风险承担的提升作用；四种宏观审慎政策工具中，信贷型宏观审慎政策与货币政策协调配合的政策效用最小，其他型宏观审慎政策与货币政策协调配合的政策效用最大。在双支柱调控对银行风险承担的影响渠道方面，宏观审慎政策与货币政策协调搭配能够通过提高银行资产收益率而降低银行风险承担。双支柱调控政策在经济上行期更为显著，证实了双支柱调控框架的政策效用在经济周期层面存在非对称性。

第四，检验双支柱政策对影子银行规模的影响效用。我国商业银行影子银行业务规模在 2018 年之前总体上呈现上升趋势，直到 2018 年资管新规出台后呈现断层式下降。通过实证检验得出，资管新规的出台确实对影子银行规模有显著的抑制作用。影子银行规模与货币政策负相关，说明货币政策越宽松，影子银行规模越小。除此之外，在对样本进行异质性分析时发现，货币政策对农村商业银行和城市商业银行影子银行业务的影响要大于对国有商业银行和股份制商业银行影子银行业务的影响。宽松的宏观审慎政策对影子银行规模的抑制作用大于紧缩的宏观审慎政策对影子银行规模的促进作用。并且，净紧缩的宏观审慎政策对影子银行规模的抑制作用大于紧缩的宏观审慎政策对影子银行规模的抑制作用。宏观审慎政策对大型商业银行影子银行业务规模的影响要大于对小型商业银行影子业务规模的影响。研究双支柱的协调对影子银行规模的影响发现，只有当两种政策都紧缩时，才会使影子银行规模扩张。而当只有其中一种政策紧缩时，不会造成影子银行规模扩张。这与使用单一政策相比，具有很大的优势，能有效解决使用单一政策调节不足或调节过度的问题。政策协调配合既能实现既定的调控经济的目标，又能防止影子银行规模扩张。

第五，研究央行独立性与金融稳定性之间的关系。本书构建了央行独立性指数和金融稳定指数，这两类指数均能较好地拟合我国实情，数据的波动能够紧扣央行或金融体系中的大事件。之后利用中介效应模型对央行独立性对金融稳定的影响以及传导渠道进行了实证检验，发现央行独立性确实对金融稳定存在正向的、间接的影响；对具有宏观审慎中介变量的效应进行检验后，发现央行独立性对金融稳定的间接影响是来自宏观审慎因素的，这与本书在前期的理论分析过程中结果较为一致。另外，货币政策传导渠道比政治因素传导渠道的效果要好，央行独立性对金融稳定的影响主要是通过货币政策渠道传导的。

第二节　建议

根据前面得出的结论本书提出以下建议。

第一，提高政策传导效率，持续推进我国宏观审慎政策体系建设 。从货币政策传导渠道看，信贷传导渠道和利率传导渠道均有多个中间传导过程，尤其是要继续打通货币供给和市场利率两个关键传导渠道，减少中间传导过程，才能减少时滞性，提高传导效率。因此，建立一个合理的宏观审慎监管框架和指标体系显得尤为重要，要充分发挥金融稳定委员会的监督指导作用，在我国目前的监管体系下进一步健全宏观审慎政策框架，完善宏观审慎政策治理机制，丰富宏观审慎政策工具，以提高防范化解系统性金融风险能力，确保经济金融稳定发展。

第二，健全双支柱调控框架，优化政策协调搭配。完善货币政策和宏观审慎政策双支柱调控框架，守住不发生系统性金融风险的底线。在充分发挥货币政策和宏观审慎政策各自政策效果的基础上，注重货币政策和宏观审慎政策之间的协调配合，根据经济运行状况和金融形势，选择最优政策组合，并适时适度灵活调整，充分发挥政策协调的优越性。特别是在货币政策宽松时期，应适度加强宏观审慎监管，发挥宏观审慎政策在抑制银行风险方面对货币政策的弥补作用，以防范系统性金融风险的累积。

第三，实施差异化双支柱政策调控，加强对政策实施力度的统筹把握。监管部门在运用双支柱政策实施调控时，应关注不同类型银行的异质性，实施差异化的调控政策，对于国有商业银行和股份制商业银行，可适当加大宏观审慎政策的调控力度；要注重货币政策与不同类型及方向宏观审慎政策工具的协调效用，运用多样化的宏观审慎政策工具实现不同的调控目标。此外，应把握好双支柱政策的调控力度与频率，对金融机构的调控不能采取“一刀切”的监管方法，应采取异质化监管，促进金融机构的良性发展。

第四，完善资本监管体制机制，强化对影子银行的监管。根据金融市场现状，不断完善我国资本监管体制机制，实现资本监管体制标准化、统一化、高效化。将商业银行的表内外业务纳入资本监管，引导影子银行稳健发展，减少市场监管套利行为的发生，降低金融市场的风险传染性，促进金融市场的持续健康发展，助推我国实现经济高质量发展。

第五，加强对银行信息披露的监管，提高信息披露质效。央行实施宏观审慎监管政策与商业银行计提贷款损失准备具有明显的正相关关系，这也从侧面体现出宏观审慎监管的“前瞻性”特点。对此，监管部门在对银行进行宏观审慎监管时，商业银行可能对贷款减值损失进行“前瞻性”的多计提，这就需要进一步强化信息披露要求，鼓励商业银行披露“前瞻性”计提的程度，以提高商业银行相关数据的质量和透明度。

第三节　展望

本书以银行风险承担为研究视角，围绕货币政策的风险承担渠道、宏观审慎政策以及双支柱调控框架对银行风险承担的影响、央行独立性与金融稳定分别进行理论剖析和实证检验，对于推动双支柱调控政策落地，维护金融稳定，实现经济高质量发展具有十分重要的意义。但是囿于数据的可得性以及目前我国经济发展的错综复杂性，本书依然存在着一些不足之处，今后将在以下方面继续进行研究并加以完善。

第一，指标选取及构建方法。一方面，双支柱政策工具箱中的各类工具种类丰富，且各类工具不断创新，本书在实证分析时，考虑的政策工具类型较为单一，难以全面反映政策的整体效应。另一方面，在构建央行独立性指数和金融稳定指数时沿用了打分法，而对该结果并没有做有效性或适配性检验。在今后的研究中将进一步丰富政策代理变量，在打分法基础上探寻其他方法，以增加结果的有效性和稳健性。

第二，进一步深化对双支柱调控政策与其他关联政策协调搭配的相关研究。本书研究了宏观审慎监管、货币政策与风险承担之间的联系，但并没有考虑更为复杂的经济环境中各类相关政策的搭配协调问题，如微观审慎政策与双支柱政策的搭配问题，如何将多种政策统筹协调，以实现金融稳定、促进经济平稳发展将是我们接下来继续研究的重点。

参考文献

［1］陈国进，蒋晓宇，赵向琴．货币政策、宏观审慎监管与银行系统性风险承担［J］．系统工程理论与实践，2020，40（6）：1419－1438.

［2］陈平．宏观审慎视角下的中央银行独立性研究［J］．宏观经济研究，2014（1）：16－24.

［3］陈伟平，张娜．货币政策、资本监管与商业银行风险承担行为——理论分析与中国实证［J］．金融与经济，2019（3）：16－24.

［4］陈旭东，何艳军，张镇疆．货币政策、银行信贷行为与贷款损失准备——基于中国商业银行的实证研究［J］．国际金融研究，2014（10）：64－74.

［5］程方楠，孟卫东．宏观审慎政策与货币政策的协调搭配——基于贝叶斯估计 DSGE 模型［J］．中国管理科学，2017，25（1）：10.

［6］代军勋，陶春喜．资本和流动性双重约束下的商业银行风险承担［J］．统计研究，2016，33（12）：37－43.

［7］丁友刚，严艳．中国商业银行贷款拨备的周期效应［J］．经济研究，2019，54（7）：142－157.

［8］董华平，干杏娣．我国货币政策银行贷款渠道传导效率研究——基于银行业结构的古诺模型［J］．金融研究，2015（10）：48－63.

［9］董进．宏观经济波动周期的测度［J］．经济研究，2006（7）：41－48.

［10］杜威望．资管新规对省域影子银行发展的政策效应评估及启示［J］．投资研究，2020，39（11）：16.

［11］杜小娟，张庆君，郭辽．非常规货币政策与银行风险承担［J］．

金融与经济，2021（7）：47－53.

［12］杜勇，张欢，陈建英．金融化对实体企业未来主业发展的影响：促进还是抑制［J］．中国工业经济，2017，357（12）：113－131.

［13］方意，赵胜民，谢晓闻．货币政策的银行风险承担分析——兼论货币政策与宏观审慎政策协调问题［J］．管理世界，2012（11）：9－19.

［14］方意．货币政策与房地产价格冲击下的银行风险承担分析．世界经济，2015（7）：73－98.

［15］冯文芳，刘晓星，许从宝．货币政策传导的银行风险承担渠道研究——基于杠杆机制的分析［J］．兰州大学学报（社会科学版），2017，45（1）：161－171.

［16］傅代国，杨昌安．货币政策对异质性企业“脱实向虚”的影响［J］．华南师范大学学报（社会科学版），2019（6）：12.

［17］高嘉璘，王雪标．宏观审慎评估体系能否降低银行风险承担？——基于中国银行业的准自然实验研究［J］．经济体制改革，2022（6）：135－143.

［18］顾海峰，卞雨晨．“双支柱”政策框架、跨境资本流动与银行系统性风险［J］．世界经济研究，2022（11）：72－88，136.

［19］顾海峰，杨月．货币政策、流动性创造与银行风险承担——银行业竞争度与景气度的调节作用［J］．上海经济研究，2020（11）：80－91，128.

［20］顾海峰，张盈盈．信贷资产证券化、杠杆率与银行风险承担［J］．现代经济探讨，2023（4）：53－63.

［21］郭丽丽，李勇．货币政策、资本监管与商业银行风险承担的门槛效应：理论与经验证据［J］．南方经济，2014（12）：19－23.

［22］郭沛廷．银行独立性对贷款损失准备计提与经济周期性关系的影响［J］．经济与管理，2017，31（2）：45－49.

［23］郭田勇，贺雅兰．我国宏观审慎政策对银行风险承担影响的研究［J］．经济与管理，2020（4）：55－62.

［24］郭田勇，杨帆，李丹．基于 DSGE 模型的货币政策对银行风险承

担影响研究——兼论货币政策的应对［J］. 经济理论与经济管理，2018（9）：73－89.

［25］郭晔，马玥. 宏观审慎评估体系下的普惠金融与银行风险承担［J］. 国际金融研究，2022（6）：55－63.

［26］贺卉. 关于中央银行独立性问题的研究［J］. 上海金融，2019（6）：31－35.

［27］黄蓓. 中央银行独立性测度体系及对我国的适配性研究［D］. 天津财经大学，2012.

［28］黄继承，姚驰，姜伊晴，等. “双支柱”调控的微观稳定效应研究［J］. 金融研究，2020（7）：1－20.

［29］黄志刚，刘丹阳. 货币政策、资本监管与影子银行——基于微观视角的非对称性研究［J］. 金融监管研究，2019，96（12）：82－99.

［30］江曙霞，陈玉婵. 货币政策、银行资本与风险承担［J］. 金融研究，2012（4）：1－16.

［31］姜勇，杨源源. 货币政策与宏观审慎政策“稳金融”效应——兼论“双支柱”框架协调［J］. 学习与实践，2023（5）：60－71.

［32］蒋海，张小林，刘敏. 货币政策影响银行风险承担的杠杆机制检验［J］. 世界经济研究，2019（3）：3－15，135.

［33］蒋海，张小林，唐绅峰，等. 货币政策、流动性与银行风险承担［J］. 经济研究，2021，56（8）：56－73.

［34］蒋敏，周炜，宋杨. 影子银行、《资管新规》和企业融资［J］. 国际金融研究，2020（12）：63－72.

［35］蒋涛. 宏观审慎政策的有效性研究：来自银团贷款市场的证据［J］. 上海金融，2019（11）：17－30，42

［36］金春雨，王薇. 宏观审慎政策工具运用对我国货币政策有效性的影响［J］. 东北大学学报（社会科学版），2021，23（4）：15－25.

［37］金鹏辉，张翔，高峰. 货币政策对银行风险承担的影响——基于银行业整体的研究［J］. 金融研究，2014（2）：16－29.

［38］考佳欣. 货币政策对银行风险承担渠道问题研究［J］. 价格理论

与实践，2017（8）：80－83.

［39］兰晓梅，杨胜刚，杨申燕．货币政策与宏观审慎政策协调对影子银行的影响［J］．国际金融研究，2020（9）：11.

［40］蓝天．货币政策与宏观审慎政策的协调——基于影子银行治理的视角［J］．上海金融，2020（10）：10.

［41］雷进贤．中国宏观审慎统计指标体系构建研究［J］．西南金融，2017（12）：3－10.

［42］李菁，梁俊．我国货币政策银行业风险承担渠道时变特征研究——基于TVP-SV-VAR模型的检验［J］．上海金融，2015（10）：12－18.

［43］李双建，田国强．银行竞争与货币政策银行风险承担渠道：理论与实证［J］．管理世界，2020，36（4）：149－168.

［44］李涛，刘明宇．资本充足率、银行信贷与货币政策传导——基于中国25家银行面板数据的分析［J］．国际金融研究，2012（11）：14－22.

［45］李天宇，冯叶，张屹山．宏观审慎政策的信号识别、规则确立与传导路径分析［J］．经济评论，2017（5）：123－138.

［46］李天宇，张屹山，张鹤．扩展型货币政策与宏观审慎监管的金融稳定作用分析［J］．经济评论，2016（3）：3－16.

［47］李裕坤．货币政策对商业银行风险承担的数理模型与作用机理［J］．统计与决策，2019，35（21）：170－173.

［48］刘金全，刘达禹，张达平．资产价格错位与货币政策调控：理论分析与政策模拟［J］．经济学动态，2015（7）：50－60.

［49］刘生福，李成．货币政策调控、银行风险承担与宏观审慎管理——基于动态面板系统GMM模型的实证分析［J］．南开经济研究，2014（5）：24－39.

［50］刘晓欣，王飞．中国微观银行特征的货币政策风险承担渠道检验——基于我国银行业的实证研究［J］．国际金融研究，2013（9）：75－88.

［51］罗煜，张祎，朱文宇．基于银行流动性管理视角的宏观审慎与货币政策协调研究［J］．金融研究，2020（10）：19－37.

［52］马勇，陈雨露．宏观审慎政策的协调与搭配：基于中国的模拟分

析［J］．金融研究，2013（8）：57－69.

［53］马勇，黄辉煌．双支柱调控的金融稳定效应研究［J］．经济理论与经济管理，2021，41（9）：35－54.

［54］马勇，王莹曼．货币政策及其稳定性对银行风险承担的影响［J］．金融评论，2022，14（2）：1－20，123.

［55］马勇，姚驰．双支柱下的货币政策与宏观审慎政策效应——基于银行风险承担的视角［J］．管理世界，2021，37（6）：21.

［56］孟维福，刘浩杰，王璟怡．货币宽松、银行竞争与风险承担——理论模型与实证分析［J］．经济问题，2022（2）：42－51.

［57］牛晓健，裘翔．利率与银行风险承担——基于中国上市银行的实证研究［J］．金融研究，2013（4）：15－28.

［58］潘敏，张依茹．宏观经济波动下银行风险承担水平研究——基于股权结构异质性的视角［J］．财贸经济，2012（10）：57－65.

［59］庞海峰，景楷淇，邱鸿意．我国中央银行独立性和通货膨胀关系的研究［J］．经济研究导刊，2019（20）：123－125，131.

［60］彭俞超，何山．资管新规、影子银行与经济高质量发展［J］．中国社会科学文摘，2020（5）：2.

［61］祁敬宇，刘莹．“双支柱”调控对商业银行风险承担的影响［J］．国际金融研究，2021（9）：55－64.

［62］钱雪松，杜立，马文涛．中国货币政策利率传导有效性研究：中介效应和体制内外差异［J］．管理世界，2015（11）：11－28，187.

［63］任碧云，黄蓓，杨雪梅．我国央行相对独立性的测度与通货膨胀关系［J］．上海金融，2011（6）：41－44.

［64］任仙玲，王萌丹．“双支柱”政策对银行风险承担的差异化影响和协调作用［J］．金融监管研究，2023（2）：61－76.

［65］邵梦竹．关于强化中央银行宏观审慎监管职能的思考［J］．现代管理科学，2019（6）：79－81.

［66］申宇，任美旭，赵静梅．经济政策不确定性与银行贷款损失准备计提［J］．中国工业经济，2020（4）：154－173.

［67］沈沛龙，王晓婷．宏观审慎政策与银行风险承担研究［J］．财经理论与实践，2015，36（3）：9－15.

［68］史焕平，李泽成．货币政策、影子银行规模增速与经济增长［J］．金融论坛，2015，20（7）：37－48.

［69］宋科，李振，赵宣凯．宏观审慎政策、经济周期与银行风险承担［J］．经济理论与经济管理，2019（1）：43－58.

［70］宋科，邵梦竹．中央银行与宏观审慎政策有效性——来自121家央行的经验证据［J］．国际金融研究，2020（6）：44－53.

［71］谭燕．基于通货膨胀目标制的新兴市场国家中央银行独立性研究［D］．湖南大学，2008.

［72］谭政勋，李丽芳．中国商业银行的风险承担与效率——货币政策视角［J］．金融研究，2016（6）：112－126.

［73］佟孟华，于建玲，费威．"双支柱"调控框架、影子银行与商业银行风险承担［J］．财经问题研究，2022，464（7）：57－65.

［74］王道平，张玉，郭文璇．"双支柱"调控框架、影子银行与银行系统性风险［J］．金融论坛，2022，27（7）：32－41.

［75］王劲松，韩克勇．我国金融稳定指标体系构建［J］．中国流通经济，2015，29（3）：114－124.

［76］王晋斌，李博．中国货币政策对商业银行风险承担行为的影响研究［J］．世界经济，2017（1）：19.

［77］王琳，许丹．货币政策与宏观审慎政策"双支柱"调控框架的金融稳定效应［J］．金融理论与实践，2021（10）：54－63.

［78］王维安，陈梦涛．宏观审慎政策、货币政策与经济波动［J］．浙江大学学报（人文社会科学版），2021，51（2）：62－82.

［79］王宇晴，陈贞竹，徐臻阳．双支柱政策的时变效果及协调作用［J］．经济科学，2022（4）：18－33.

［80］温忠麟，叶宝娟．中介效应分析：方法和模型发展［J］．心理科学进展，2014，22（5）：731－745.

［81］吴迪．货币政策与金融稳定——基于异质性商业银行的宏观经济

模型研究［J］．江苏社会科学，2018（1）：95－103.

［82］项后军，高鹏飞，曾琪．银行风险承担渠道、流动性囤积与货币政策传导的“梗阻效应”研究［J］．国际金融研究，2023（1）：74－84.

［83］项后军，李昕怡，陈昕朋．理解货币政策的银行风险承担渠道——反思与再研究［J］．经济学动态，2016（2）：87－100.

［84］徐明东，陈学彬．货币环境、资本充足率与商业银行风险承担［J］．金融研究，2012（7）：48－62.

［85］徐长生，艾希．货币政策与宏观审慎政策的协调搭配——基于中国商业银行微观数据的实证研究［J］．江西社会科学，2018，38（6）：41－49，257.

［86］薛培培．澳洲央行独立性与通货膨胀的关系研究［J］．经济研究导刊，2019，389（3）：90－92＋105.

［87］闫力，刘克宫，张次兰．货币政策有效性问题研究——基于1998～2009年月度数据的分析［J］．金融研究，2009（12）：59－71.

［88］严佳佳，吴必源．双支柱调控框架下影子银行监管效果研究［J］．金融监管研究，2020（3）：35－50.

［89］杨帆．货币政策与宏观审慎政策协调模式研究［D］．中央财经大学，2018.

［90］杨筝，王红建，戴静，等．放松利率管制、利润率均等化与实体企业“脱实向虚”［J］．金融研究，2019（6）：19.

［91］姚舜达，朱元倩．货币政策、流动性约束与银行风险承担——基于面板门限回归模型［J］．金融评论，2017，9（2）：12－24，124.

［92］易炜豪．金融监管、影子银行和企业融资——以资管新规为准自然实验［J］．武汉金融，2021（10）：43－52.

［93］余丽霞，温文，王璐．货币政策银行风险承担渠道的非对称效应研究［J］．金融监管研究，2022（3）：1－14.

［94］张春海，赵傑贝．宏观审慎政策如何影响银行风险承担？——来自我国276家商业银行的经验分析［J］．金融发展研究，2022（7）：55－61.

［95］张铭，刘兴华，刘艺．中国宏观审慎政策对银行风险承担的影响

［J］．江西社会科学，2019，39（7）：54－62.

［96］张铭，张文君，刘兴华．双支柱政策对商业银行风险承担的协同作用——基于情景模拟视角［J］．中国流通经济，2022，36（8）：84－93.

［97］张强，乔煜峰，张宝．中国货币政策的银行风险承担渠道存在吗?［J］．金融研究，2013（8）：84－97.

［98］张强，张宝．货币政策传导的风险承担渠道研究进展［J］．经济学动态，2011（10）：103－107.

［99］张旭，方显仓，顾鑫．货币政策对银行风险承担的影响——杠杆率的视角［J］．华侨大学学报（哲学社会科学版），2022（4）：65－79.

［100］张旭，伍海华．中央银行独立性测度的比较及对我国的启示［J］．财贸研究，2018（3）：46－51.

［101］张雪兰，何德旭．货币政策立场与银行风险承担——基于中国银行业的实证研究（2000－2010）［J］．经济研究，2012（5）：31－34.

［102］张亦春，胡晓．宏观审慎视角下的最优货币政策框架［J］．金融研究，2010（5）：30－40.

［103］张迎春，王璐，邓菊秋．货币政策、管理者心理偏差与银行风险承担［J］．财经科学，2019（1）：27－38.

［104］赵胜民，梁璐璐，李京，等．宏观审慎框架下的央行独立性检验［J］．经济评论，2014（5）：96－107.

［105］赵胜民，张博超．“双支柱”调控与银行系统性风险——基于SRISK指标的实证分析［J］．国际金融研究，2022（1）：50－61.

［106］朱新蓉，李虹含．货币政策传导的企业资产负债表渠道有效吗——基于中国数据的实证检验［J］．金融研究，2013（10）：15－27.

［107］朱远程，闫玉震．中国金融稳健指标体系构建及实证研究［J］．商业时代，2016（34）：47－48.

［108］曾智，姚舜达．我国货币政策风险承担渠道传导效率研究——基于流动性监管的实证分析［J］．财经论丛，2017（10）：49－59.

［109］Adrian T，Shin H S．Money，Liquidity，and Monetary Policy［J］．American Economic Review，2009，99（2）：600－605.

[110] Agur I, Demertzis M. Will Macroprudential Policy Counteract Monetary Policy's Effects on Financial Stability? [J]. The North American Journal of Economics and Finance, 2019 (48): 65 –75.

[111] Alam Z, Alter A, Eiseman J, et al. Digging Deeper—Evidence on the Effects of Macroprudential Policies from a New Database [J]. Journal of Money, Credit and Banking, 2019.

[112] Albulescu C T. Forecasting the Romanian Financial System Stability Using a Stochastic Simulation Model [J]. Romanian Journal of Economic Forecasting, 2010, 13 (1): 81 –98.

[113] Allen F, Qian Y, Tu G, et al. Entrusted Loans: A Close Look at China's Shadow Banking System [J]. Journal of Financial Economics, 2019, 133 (1): 18 –41.

[114] Angelini P, Neri S, Panetta F. The Interaction between Capital Requirements and Monetary Policy [J]. Journal of Money, Credit and Banking, 2014, 46 (6): 1073 –1112.

[115] Arora V, Habermeier K, Ostry J D, et al. The Liberalization and Management of Capital Flows: An Institutional View [J]. Revista De Economia Institucional, 2013, 15 (28): 205 –255.

[116] Balla E, McKenna A B. Dynamic Provisioning: A Countercyclical Tool for Loan Loss Reserves [J]. FRB Richmond Economic Quarterly, 2009, 95 (4): 383 –418.

[117] Barron R M, Kenny D A. The Moderator-mediator Variable Distinction in Social Psychological Research: Conceptual, Strategic, and Statistical Considerations [J]. Journal of Personality and Social Psychology, 1986, 51 (6): 1173 –1182.

[118] Bean C, Paustian M, Penalver A, et al. Monetary Policy after the Fall [J]. Macroeconomic Challenges: The Decade Ahead, 2010: 26 –28.

[119] Berger W, Kißmer F. Central Bank Independence and Financial Stability: A Tale of Perfect Harmony? [J]. European Journal of Political Economy,

2013 (31): 109 -118.

[120] Bikker J A, Metzemakers P A J. Bank Provisioning Behaviour and Procyclicality [J]. Journal of International Financial Markets, Institutions and Money, 2005, 15 (2): 141 -157.

[121] Borio C Z, Regulation H C. Risk-taking and Monetary Policy: A Missing Link in the Trans-mission Mechanism? [R]. Bank for International Settlements Working Paper, 2008 (28), 2008.

[122] Borio C, Zhu H. Capital regulation, Risk-taking and Monetary Policy: A Missing Link in the Transmission Mechanism? [J]. Journal of Financial Stability, 2012, 8 (4): 236 -251.

[123] Buiter W H. The Role of Central Banks in Financial Stability: How has it Changed? [J]. World Scientific, 2013: 11 -56.

[124] Campbell J Y, Cochrane J H. By Force of Habit: A Consumption-based Explanation of Aggregate Stock Market Behavior [J]. Journal of Political Economy, 1999, 107 (2): 205 -251.

[125] Cantú C, Gambacorta L, Shim I. How Effective are Macroprudential Policies in Asiapacific? Evidence from a Meta-Analysis [R]. BIS Paper, 2020 (110b).

[126] Cerutti E, Claessens S, Laeven L. The Use and Effectiveness of Macroprudential Policies: New Evidence [J]. Journal of Financial Stability, 2017 (28): 203 -224.

[127] Chen K, Ren J, Zha T. The Nexus of Monetary Policy and Shadow Banking in China [J]. American Economic Review, 2018, 108 (12): 3891 -3936.

[128] Cihak M. Price Stability, Financial Stability, and Central Bank Independence [C]. Oesterreichische Nationalbank, Central Banking after the Crisis, 38th Economic Conference, 2010.

[129] Cizel J, Frost J, Houben A, et al. Effective Macroprudential Policy: Cross-sector Substitution from Price and Quantity Measures [J]. Journal of Money, Credit and Banking, 2019, 51 (5): 1209 -1235.

[130] Claessens S, Valencia F. The Interaction between Monetary and Macroprudential Policies [J]. Approved by Olivier Blanchard and José Viñals, IMF, 2013.

[131] Claessens S, Cornelli G, Gambacorta L , et al. Do Macroprudential Policies Affect Non-bank Financial Intermediation? [R]. BIS Working Papers, 2021.

[132] Cohen L J, Cornett M M, Marcus A J, et al. Bank Earnings Management and Tail Risk during the Financial Crisis [J]. Journal of Money, Credit and Banking, 2014, 46 (1): 171 -197.

[133] Cornett M M, McNutt J J, Strahan P E, et al. Liquidity Risk Management and Credit Supply in the Financial Crisis [J]. Journal of Financial Economics, 2011, 101 (2): 297 -312.

[134] Delis M D, Kouretas G P. Interest Rates and Bank Risk-taking [J]. Journal of Banking & Finance, 2011, 35 (4): 840 -855.

[135] Dell'Ariccia G, Marquez R. Lending Booms and Lending Standards [J]. The Journal of Finance, 2006, 61 (5): 2511 -2546.

[136] Dumiter F, Brezeanu P, Radu C, et al. Modelling Central Bank Independence and Inflation: Deus Ex Machina? [J]. Studia Universitatis "Vasile Goldis" Arad-Economics Series, 2015, 25 (4): 56 -69.

[137] Farhi E, Tirole J. Collective Moral Hazard, Maturity Mismatch, and Systemic Bailouts [J]. American Economic Review, 2012, 102 (1): 60 -93.

[138] Funke M, Mihaylovski P, Zhu H. Monetary Policy Transmission in China: A DSGE Model with Parallel Shadow Banking and Interest Rate Control [J] . SSRN Electronic Journal, 2015.

[139] Gong X L, Xiong X, Zhang W. Shadow Banking, Monetary Policy and Systemic Risk [J]. Applied Economics, 2021, 53 (14): 1672 -1693.

[140] IMF, FSB, BIS. Macroprudential Policy: An Organizing Framework [R]. IMF Policy Paper, 2011 (3): 3 -55.

[141] Irani R M, Iyer R, Meisenzahl R R, et al. The Rise of Shadow Banking: Evidence from Capital Regulation [J]. The Review of Financial Stud-

ies, 2021, 34 (5): 2181 -2235.

[142] Jiménez G, Ongena S, Peydró J L, et al. Hazardous Times for Monetary Policy: What do Twenty-three Million Bank Loans Say about the Effects of Monetary Policy on Credit Risk-taking? [J]. Econometrica, 2014, 82 (2): 463 -505.

[143] Kanagaretnam K, Lobo G J, Mathieu R. Managerial Incentives for Income Smoothing through Bank Loan Loss Provisions [J]. Review of Quantitative Finance and Accounting, 2003 (20): 63 -80.

[144] Keeley M C. Deposit Insurance, Risk, and Market Power in Banking [J]. The American Economic Review, 1990: 1183 -1200.

[145] Kim S, Mehrotra A. Effects of Monetary and Macroprudential Policies—Evidence from Four Inflation Targeting Economies [J]. Journal of Money, Credit and Banking, 2018, 50 (5): 967 -992.

[146] Klingelhöfer J, Sun R. Macroprudential Policy, Central Banks and Financial Stability: Evidence from China [J]. Journal of International Money and Finance, 2019 (93): 19 -41.

[147] Koziuk V. Central Bank Independence and Financial Stability: Orthodox and Heterodox Approaches [J]. Visnyk of the National Bank of Ukraine, 2017 (239): 6 -27.

[148] Laeven L, Majnoni G. LoanLoss Provisioning and Economic Slowdowns: Too Much, Too Late? [J]. Journal of Financial Intermediation, 2003, 12 (2): 178 -197.

[149] Lim C H, Costa A, Columba F, et al. Macroprudential Policy: What Instruments and How to Use Them? Lessons from Country Experiences [R]. IMF Working Paper, 2011.

[150] Loisel O, Pommeret A, Portier F. Monetary Policy and Herd Behavior in New-tech Investment [J]. Banque De France/UniversitZ De Lausanne/Toulouse School of Economics Mimeo, 2009.

[151] Longstaff F A, Schwartz E S. A Simple Approach to Valuing Risky

Fixed and Floating Rate Debt [J]. The Journal of Finance, 1995, 50 (3): 789 - 819.

[152] López M, Tenjo F, Zárate H. The Risk-taking Channel and Monetary Transmission Mechanism in Colombia [J]. Ensayos Sobre Política Económica, 2011, 29 (SPE64): 212 - 234.

[153] Mishkin F S. The Channels of Monetary Transmission: Lessons for Monetary Policy [R]. Nber Working Papers, 1996.

[154] Myers S C, Rajan R G. The Paradox of Liquidity [J]. The Quarterly Journal of Economics, 1998, 113 (3): 733 - 771.

[155] Olszak M, Roszkowska S, Kowalska I. Macroprudential Policy Instruments and Procyclicality of Loan-loss Provisions-cross-country Evidence [J]. Journal of International Financial Markets, Institutions and Money, 2018 (54): 228 - 257.

[156] Osma B G, Mora A, Porcuna-Enguix L. Prudential Supervisors' Independence and Income Smoothing in European Banks [J]. Journal of Banking & Finance, 2019 (102): 156 - 176.

[157] Paoli B, Paustian M. Coordinating Monetary and Macroprudential Policies [J]. Journal of Money, Credit and Banking, 2017, 49 (2 - 3): 319 - 349.

[158] Paolo S, Neri S, Panetta F. Monetary and Macroprudential Policies [R]. ECB Working Papers, 2012.

[159] Poloz S S. Integrating Financial Stability into Monetary Policy [J]. Business Economics, 2015, 50 (4): 200 - 205.

[160] Povel P, Raith M. Optimal Debt with Unobservable Investments [J]. RAND Journal of Economics, 2004: 599 - 616.

[161] Rajan R G. Has Finance Made the World Riskier? [J]. European Financial Management, 2006, 12 (4): 499 - 533.

[162] Suh H. Macroprudential Policy: Its Effects and Relationship to Monetary Policy [R]. FRB of Philaddphia Working Paper, 2012 (5): 12 - 28.

[163] Tayler W J, Zilberman R. Macroprudential Regulation, Credit

Spreads and the Role of Monetary Policy [J]. Journal of Financial Stability, 2016 (26): 144 - 158.

[164] Ueda K, Valencia F. Central Bank Independence and Macro-prudential Regulation [J]. Economics Letters, 2014, 125 (2): 327 - 330.

[165] Valencia F. Monetary Policy, Bank Leverage, and Financial Stability [J]. Journal of Economic Dynamics and Control, 2014 (47): 20 - 38.

[166] Woodford M. Inflation Targeting and Financial Stability [R]. Working Paper Series: Monetary Economics, 2012 (TN. 17967): 0 - a1.

[167] Yellen J L. Linkages between Monetary and Regulatory Policy: Lessons from the Risis [J]. FRBSF Economic Letter, 2009: 36.

后　记

全球金融危机后，顺应强化宏观审慎监管的大趋势，我国提出了构建“货币政策+宏观审慎政策”双支柱宏观调控框架。2022年，《政府工作报告》首次正式提出设立金融稳定保障基金，运用市场化、法治化方式化解风险隐患，牢牢守住不发生系统性风险的底线，进一步凸显了完善宏观审慎监管工具防范化解系统性金融风险和维护金融系统稳定的重要性。因此，紧扣当下热点，本书基于风险承担角度研究双支柱调控框架的政策效用，并就双支柱调控对影子银行的影响以及央行独立性与金融稳定之间的关系进行了深入探讨。

本书是在教育部人文社会科学研究青年基金项目（18YJC790020）基础上结合最新思考整理而成。书稿写作期间，我的家人给予了我莫大的支持和关怀。尤其是近四年来，爱人由于工作原因我们长期两地分居，即便如此，他仍旧对我的工作给予了理解和支持。还有家里的一双儿女以及父母双亲，都是我不断在学术之山上勇攀高峰的动力来源。

参与本书写作的还包括我的研究生团队中的蔡源博士研究生，李瑞田、王妮、杨馨、朱海婷、孙志岳等硕士研究生，他们协助进行数据和文献资料的收集整理工作。本书得到山西省高等教育“1331工程”提质增效建设计划服务转型经济产业创新学科集群建设项目的资助，是国家社科基金一般项目（22BJY165）的阶段性研究成果，同时也是教育部人文社会科学研究青年基金项目（18YIC790020）的最终研究成果。书稿的顺利出版得到了经济科学出版社的大力支持，在此一并表示感谢。

本书参考和借鉴了诸多前辈学者的研究成果，尽管在书中均已作出相关说明，但难免会出现遗漏之处，敬请谅解。由于时间以及专业水平有限，本书可能还存在许多不足之处，敬请各位专家和读者批评指正，以期在今后的研究中不断改进。

崔婕
2024 年 3 月